内蒙古文化产业多元发展研究

邢晶 著

中国海洋大学出版社
·青岛·

图书在版编目（CIP）数据

内蒙古文化产业多元发展研究／邢晶著 . —青岛：
中国海洋大学出版社， 2021.10
  ISBN 978-7-5670-2974-3

Ⅰ . ①内…　Ⅱ . ①邢…　Ⅲ . ①文化产业—产业发
展—研究—内蒙古　Ⅳ . ① G127.26

中国版本图书馆 CIP 数据核字（2021）第 216093 号

内蒙古文化产业多元发展研究

NEIMENGGU WENHUA CHANYE DUOYUAN FAZHAN YANJIU

出版发行	中国海洋大学出版社
社　　址	青岛市香港东路 23 号　　邮政编码　266071
网　　址	http://pub.ouc.edu.cn
出 版 人	杨立敏
责任编辑	王　慧
印　　制	北京虎彩文化传播有限公司
版　　次	2021 年 12 月第 1 版
印　　次	2021 年 12 月第 1 次印刷
成品尺寸	170 mm × 230 mm
印　　张	10
字　　数	158 千
印　　数	1~1000
定　　价	48.00 元
订购电话	0532-82032573（传真）

发现印装质量问题，请致电 010-84720900，由印刷厂负责调换。

前言 /Preface

　　随着经济全球化的不断发展，文化的多元共存不仅为各种文化的相互交流、取长补短提供了条件，还使得全球不同地区的文化产业在彼此借鉴优势、共同发展和繁荣的过程中产生了互相依存的共生性，从而形成了一道绚丽多姿、魅力无穷的人类文化景观。在这样的背景下，以什么样的视角认识文化，以什么样的态度对待文化，以什么样的思路寻求文化多元化与文化产业的融合，从而进一步探寻全球文化产业的多元化发展之路，成为当今全球文化产业发展的共同命题。

　　文化产业与我国其他产业相比具有特殊性，文化产业不但在文化范围之内，而且在经济领域占有一席之地。我国文化产业应该按照经济市场的需要来进行生产，其生产价值应该表现在产品使用上，用来满足社会各界人士的不同需求。为了满足社会各界人士精神上的需求，我国在发展文化产业的同时构建了多元化的文化主体。

　　为了更好地阐明当前文化产业的多元化发展，探究内蒙古文化产业的发展内容，本书主要从以下几方面进行了论述：一是从文化产业的发展概念、渊源与背景、基本内涵出发，对现代文化产业的特点和市场定位进行分析，明确其对国民经济的重要意义；二是对文化创意产业及其媒介进行探究，除了介绍其功能和意义外，还从产业价值链与媒介的融合发展、创新传播进行探究，并且由此引出内蒙古文化产业的发展基础、背景、成就，明确内蒙古文化产业在发展过程中产生的影响；三是对内蒙古文化产业的发展问题进行探索，在提出问题的同时分析机遇和挑战，并且针对内蒙古文化资源的整合问题进行分析研究，明确可行的对策；四是从跨境电子商务的发展战略角度出发，对内蒙古文化产品的发展环境、发展现状、发展问题及其潜力进行细致分析，深入研究了内蒙古文化产品与跨境电子商务之间的关系。

笔者在撰写过程中查阅了大量文献资料，吸收了国内许多资深商务人士的宝贵经验和建议，获得了有关部门和同事的大力支持和帮助，在此表示诚挚的谢意。由于撰写时间和经验所限，加之笔者能力有限，书中难免存在不足，恳请读者指正，以便修改和完善。

邢晶

2021年8月

目 录 / Contents

第一章

绪论

内蒙古自治区有辽阔的草原、奔驰的骏马、淳朴的牧人、醇香的奶茶、美味的手扒肉、欢快的歌舞、优美动听的马头琴旋律。这是英勇、善良的蒙古族人民世代繁衍生息的地方。蒙古族有着悠久的历史、灿烂的文化。

我们正处在一个伟大的变革时代，从事着一项前无古人的开创性事业，发展与这项伟大事业相称的先进文化，是时代的要求和人民的呼唤。纵观我国改革开放以来的不平凡历程，可以清楚地看到，我们每前进一步，都离不开先进文化的作用和影响。伴随着我国文化市场的崛起而逐步兴起的文化产业，正在成为我国国民经济的一个新的增长点。

我们必须从全面建设小康社会的全局和实现中华民族伟大复兴的高度，深刻认识加强文化建设的战略意义，在推进社会主义物质文明和政治文明建设的同时，更加自觉地推进社会主义精神文明建设。

面对改革发展稳定的任务，面对世界各种思想文化相互激荡的现实，我们更要大力加强中国特色社会主义文化建设，不断为改革开放和现代化建设提供有力的思想保证、精神动力和智力支持。在当今世界，文化赖以发展的物质基础、社会环境、传播条件发生了深刻变化。我们要深入研究新形势下我国文化建设面临的新情况、新问题，善于在更加开放的环境中建设中国特色社会主义文化。要发扬与时俱进的时代精神，坚持古为今用、推陈出新，大力弘扬中华优秀传统文化，大力弘扬中华民族的伟大精神，使中华民族的优秀文化成为新的历史条件下鼓舞我国各族人民不断前进的精神力量。

同时，还要坚持从我国国情出发，坚持以我为主、为我所用，积极吸收、借鉴国外文化发展的有益成果，更好地推动我国文化的发展繁荣。对一切有利于加强我国社会主义文化建设的有益经验、一切有利于提高我国人民精神境界的文化成果、一切有利于发展我国社会主义文化事业和文化产业的管理方式，都要积极研究借鉴。要始终高举社会主义文化旗帜，在文化观念上绝不照抄照搬，在发展模式上绝不简单模仿，坚决防范和抵御各种腐朽落后的文化观念侵蚀干部群众的思想，确保国家的文化安全和社会稳定。

发展文化产业，是市场经济条件下繁荣社会主义文化、满足人民群众精神文化需求的重要途径。如果不抓紧发展和壮大我国的文化产业，提高总体实力，很难适应文化领域的进一步开放和竞争，就会给国外文化产品进入我国留下巨大空间。必须抓紧制定和完善文化产业政策，运用财税、金融等手段支持文化产业发展；以资产为纽带，按照专业分工和规模经营的要求，组建大型文化产业集团，实现跨地区发展和多媒体经营，提高产业集中度，形成我国文化产业走向世界和参与国际竞争的主体力量；运用高新技术推动文化产业升级，提高文化产品和服务的科技含量；促进文化产业与教育、科技、旅游、信息等相关行业联动发展，形成新的文化产业发展格局。

第一节　文化产业概念界定

20世纪初出现了一种新的经济形态即文化产业。文化产业的英语名称为Culture Industry，可以译为文化工业，也可以译为文化产业。

我国很早就有文化事业的概念，这里首先区分文化产业与文化事业。文化产业与文化事业的概念划分比较模糊，在计划经济时代，只有文化事业，没有文化产业；随着文化产业的迅猛发展，人们似乎又将所有文化事业都看作文化产业，而事实上，文化事业与文化产业有区别。文化事业由文化机构组织来承担，生产和传播大众文化，为大众提供精神动力和智力支持。文化机构组织包括纪念馆、博物馆、文化馆、美术馆、展览馆、图书馆、科技馆、艺术中心等单位，其更体现文化成果为公众服务，具有公益性质。而文化产业是深入发掘文化资源，并采取规模化生产，运用市场化运作方式的生产、消费活动。文化产业以赚取利润、促进经济发展和文化消费为目的。

根据联合国对文化产业的定义，文化产业是按照行业标准，生产、再生产、储存和分配文化产品和服务的活动。2004年，国家统计局对文化产业做出明确的定义，即文化产业是为社会公众提供文化娱乐产品和服务的活动以及与这些活动有关联的活动的集合。文化产业涉及我国现行《国民经济行业分类》（GB/T 4754—2002）中80个行业类别。

根据《文化蓝皮书：2011年中国文化产业发展报告》所做的分类，我国文化产业包括出版产业、广播电视产业、广告业、数字内容产业等9个子类。

文化产业被视为21世纪的朝阳产业。党的十八大报告中明确提出将文化产业发展成为国民经济的支柱性产业。2012年7月，国家统计局修订并颁布了《文化及相关产业分类（2012）》，对文化及相关产业进行了重新定义，调整了原有的类别结构和具体内容，增加了文化创意、文化新业态、软件设计服务、具有文化内涵的特色产品的生产等内容和部分行业小类，删除旅行社、休闲健身娱乐活动、教学用模型及教具制造、其他文教办公用品制造、其他文化办公用机械制造和彩票活动等。根据新分类标准，统计上所称的文化及相关产业指本分类所覆盖的全部单位，文化产业仅指经营性文化单位的集合，文化事业仅指公益性文化单位的集合。

由于统计口径将文化产业定位于"文化及相关产业"，本书将合并文化事业与文化产业两个概念，将其合并为宽泛的文化产业概念。

第二节　文化产业的历史渊源以及我国文化产业的发展背景

文化产业这个名词是由法兰克福学派的阿多诺与霍克海默在1947年出版的二人合著的《启蒙的辩证法》中首次提出的，用以代替"大众文化"的专门概念；在探讨当代资本主义社会的文化状况时，该书专列一章"文化产业：作为大众欺骗的启蒙",第一次系统地、分析批判性地使用了"文化产业"这个名词。1963年,阿多诺在《文化产业的再思考》一文中总结道:"'文化产业'是我和霍克海默两人于1947年在阿姆斯特丹所出版的《启蒙的辩证法》一书中初次提出的。该书的草稿中应用了'大众文化'这一个词。我们用'文化产业'替代了'大众文化'。'大众文化'会给人们以错觉,似乎它是大众自发创造的文化,是当代大众化文化的一种形式。真正的大众化文化与'文化产业'有所区别。文化产业是在人们所熟悉的传统文化中融入了新特质。其产品是为大众消费而特别制作的。它在很大程度上决定了消费的性质,并且在很大程度上是按计划而制造的。"阿多诺与霍克海默都认为由资本家所控制的文化产业会操纵影响工人们的情绪,是控制大众意识形态的手段,因此,最初的文化产业概念是具有某种否定意义的。20世纪中期,由于传统观念的束缚,新古典经济学的发展和社会学、语言学等学科对文化研究的深化,经济与文化学科间认识上的鸿沟扩大了,经济与文化学科各执一端。

从20世纪70年代中期开始,西方部分经济学家开展了跨学科的研究,系统地探讨了经济与文化间的关系,阐释了文化成为产业的可能空间和发展特点,从此文化产业进入国家经济发展的范围。1990年,以时代华纳合并为标志,美国开始实施对各类传媒的"非管制化"政策,使得像时代华纳这样的特大型文化产业组织出现了大规模的合并趋势,进而进入国际文化市场,这就使以法国为代表的一些欧洲国家在文化上感到了威胁,提出以"大力发展文化产业"来应对挑战的国家发展战略。文化产业由此一跃成为西方发达国家国民经济发展中的支柱产业之一,并向世界各国展示了它光明的发展前景。

1999年10月召开的意大利佛罗伦萨会议上,世界银行提出:文化是经济发展的重要组成部分。这标志着经济与文化在不断接近以后开始走向融合,一种新的经济类型或者经济发展模式——"文化经济"诞生了。在世纪之交,为知识经济所推动的全球化发展已经进入后工业时代,文化竞争已经成为综合国力竞争的主要领域。世界各国、各地区都已经把文化发展战略变成了一种国家发展战略。文化产业迅速被人们认可和接受。因此,发展文化产业,有意识地采取相应政策,使得文化发展与国家经济建设同步,已经成为一种潮流和大势。

著名经济学家施罗斯比在其《经济学与文化》一书中指出,文化产业以创造性思想为核心向外延伸与扩大，是以"创造"为核心并与其他各种投入相结合而组成各类文化产品的经济集团。

文化的经济驱动力在物质文明与精神文明建设中所发挥的作用越来越令人关注。文化产业这一具有强大生命力的新兴产业，被经济界视为知识经济时代的一种强大动力。

从国际环境来看，发达国家已进入后工业时代和信息化时代，文化的发展与经济、科技的发展全面交融，文化的经济化、科技化，经济和科技的文化化已是不争的事实。文化消费在人们的生活消费上已经占有相当大的比重，文化产业已经成为发达国家重要的经济增长动力，文化竞争力已成为全球竞争中重要的因素之一。

我国文化产业概念的提出绝不是偶然的，它具有历史发展的必然性。2000年，在《中共中央关于制定国民经济和社会发展第十个五年计划的建议》中，第一次提出要推动有关文化产业发展，我国文化产业发展便被正式纳入国家整体发展规划，成为国家发展战略的一个重要组成部分。2002年的《政府工作报告》在阐述进一步解决经济发展的结构性矛盾和体制性障碍的相关政策时，把大力发展文化产业确定为解决我国经济发展的结构性矛盾和体制性障碍的重要政策措施，在国家战略需求层面上，提出了文化产业在国民经济发展中的功能性战略定位。党的十六大报告从全面建设小康社会、开创中国特色社会主义事业新局面的长远战略目标出发，进一步明确提出要支持文化产业的发展，增强我国文化产业的整体实力和竞争力。这既表明了我国在国家文化发展战略思想上和战略方针选择上的重大突破，又表明了党和政府积极发展文化产业的坚定决心。

我国的文化产业是伴随着改革开放的不断深入，伴随着社会主义市场经济体制改革目标的确定，伴随着国家大力推进第三产业的发展而迅速壮大起来的。1992年10月党的十四大胜利召开，明确了中国经济体制改革的目标就是建立社会主义市场经济体制。建立社会主义市场经济体制，需要有一系列相应的体制改革和政策调整。我们的文化发展也必须与经济体制改革相适应，实现由计划体制下的发展模式向社会主义市场经济体制下的发展模式转变。人们对社会主义文化特性的认识也逐步深入。文化必须遵循其自身发展规律，也必须遵循社会主义市场经济规律，努力适应市场经济要求。在社会主义市场经济的环境中，部分文化产品具有商品的特性，有的已经成为商品，其生产、分配、交换和消费等环节都融入市场经济的大循环。文化生产也要尊重市场经济的一般法则，要注重成本核算，提高经济效益。文化与经济相互渗透，经济的发展中有文化的作用，如企业文化、社区文化、劳动者素质的提高。文化产业本身也是经济的一个组成部分，文化产业充分发展，可以优化国家产业结构，有利于繁荣经济、提高人民的生活质量，有利于全面实现社会进步。

在当代中国，要发展先进文化，就必须牢牢把握中国先进文化的发展趋势和要求，立足于中国特色社会主义实践，着眼于世界科学文化发展的前沿，不断发展健康向上、丰富多彩的，具有中国风格、中国特色的社会主义文化，满足人民群众日益增长的精神文化需求，引导广大人民群众从思想上正确武装和不断进步。要做到这一点，就必须进一步强化市场经济意识，大力发展文化产业。因为在社会主义市场经济体制下，文化产业是专业文化和群众文化的经济支撑，是文化事业发展的物质基础，是解放和发展文化生产力的有效途径。发展文化产业的重要目标就是要在文化建设中引入产业机制，实现文化的自我积累和长期稳定发展，形成文化发展中独立的扩大再生产机制。要在坚持"二为"方向和"双百"方针，坚持"弘扬主旋律、提倡多样化"的前提下，建立符合文化发展规律的文化生产机制，建立符合市场经济规律的文化选择机制。

在21世纪之初，我们已胜利实现了现代化建设的第二步战略目标，进入全面建设小康社会、加快推进社会主义现代化的新的发展阶段。全面建设小康社会，包括物质文明建设和精神文明建设两个方面。精神文明建设要按照始终代表中国先进文化前进方向的要求，繁荣社会主义文化，满足人民群众日益增长的精神文化需求。随着人民群众收入增长，文化娱乐支出比例增加，文化消费时间增多，文化消费总量迅速提高，人民群众对文化产品的选择性日益增强。只有发展文化产业，形成多门类、多层次、多类型的文化生产和服务体系，才能从数量、质量等方面满足人民群众的文化需求。科学技术的发展使文化的发展出现了巨大的变化，可以说文化产业是科学技术与文化紧密结合的产物，体现了文化与经济互相渗透的趋势。20世纪以来，印刷、录音、录像、电子排版、网络传输、数字化等技术在文化领域的广泛应用，使文化艺术品可以批量生产，例如，以前京剧只能在剧场里演，演一场只能被有限的观众观看，从技术基础条件上看，京剧形成不了产业。现在，同样是一场京剧，可以电视转播，可以录音、录像，然后用现代化、工业化的方式，大量生产录音带、录像带、CD、VCD、DVD、EVD等，这使得文化有可能成为产业。文化产品具有的技术性、复制性和商品性，为文化的产业化发展奠定了基础。现代经营管理方式和组织形式以及市场经济的规则在文化领域的运用和推广，加速了文化产业的发展。高科技的发展，特别是信息产业的渗透，使文化产业出现多种形态。在知识经济时代，文化产业的发展可以促进知识的传播和普及，它是知识经济时代的先导性产业，已经成为教育、休闲娱乐等的重要载体。

从国际上看，经济全球化步伐加快，科学技术突飞猛进，综合国力竞争日趋激烈。在这个大背景下，人们对文化及其在经济和社会发展中的特殊作用表现出了更多的关注，在探讨重大经济、政治、社会问题时，都要涉及文化因素。文化实力已经成为综合国力的主要内容，文化发展已经成为当今世界的新型战略课题。文化产业是新兴的朝阳产业，许多发达国家的文化产业已经成为国民经济的支柱产业，文化产业的从业人员已占全社会从业人员的3%～6%。另外，文化产业已成为国际贸易的重要组成部分。

随着我国加入WTO，外国的文化资本和文化产品越来越多地进入我国，国际文化交流与合作更加活跃，各国文化相互渗透。西方发达国家意图凭借其经济实力和文化传播优势，将大量精神文化产品、社会政治理念、价值观念等输入我国，并意图占领我们的文化市场。对此，我们要有清醒的认识，抵御外来文化的消极影响，特别是消除腐朽文化的侵蚀。必须大力发展我们的文化产业，提高文化产品的市场竞争力和市场占有率。我们应当看到中国文化的巨大优势，中国文化博大精深，是任何其他文化所无法取代的。不断壮大的经济实力、开放的环境和现代化科学技术，也为中国文化产业发展、走向世界创造了良好的条件。

第三节　文化产业的基本内涵

对文化产业进行定义就是对文化产业进行概念化处理，这意味着浓缩全部对文化与产业的历史关系的理解，将其转变为概念的形式。

现在，世界各国都已经把文化发展战略变成了一种国家发展战略。在这个背景下，出现了关于文化产业的最新定义，即生产文化意义内容的产业。

这一定义源于人类学家，又为社会学家和经济学家所改造和使用。在人类学家看来，人类的一切精神和物质的活动都具有传达社会意义的作用，而现代社会的经济活动越来越趋向于"人文化"，成为一种文化符号的生产和交换。

基于上述认识，可以将文化产业定义为以下三个层次：① 最狭义的概念——文化创作业。它包括一些传统的和现代的领域，从文化艺术作品的创作、销售、展示到接受活动。从这个定义出发，文化产业不仅包括文学艺术创作，音乐创作、摄影、舞蹈、工业设计与建筑设计以及其他创造性的艺术活动，还包括文化艺术活动的生产和销售系统，如艺术品拍卖以及各种形式的文化娱乐、演出、教育活动。② 扩展性概念：文化制作与传播业。随着现代记录与复制技术的进步，文化产品的可重复生产性和可复制性极大地提高。文化产品经过了四种媒介（纸介质、磁介质、电子介质、光介质）的发展，才逐步实现其文化产业的性质。这四种媒介将文化产品的生产、交换和消费的过程用记录和传播的技术扩大开来，转化为工业过程，变为工业化生产活动。在这个概念下，文化产业包括新闻出版业、广播业、影视业、音像业、网络业等。在"文化制作与传播业"的概念出现以后，文化产业的手段与内容的区分显示出来：狭义文化产业概念转变为生产"文化内容"的行业，与"文化传播手段"相区别。大规模的制作与传播手段带动了大规模的文化消费活动，支持了大规模的文化创作，文化活动在人类社会历史上有了经济活动的完整形态。③ 最一般的概念：文化产业是以文化意义为基础的产业，包括所有具有文化标记的产业。

现代经济是人文化的经济，从产品设计到生产流程设计，从企业的战略管理到品牌形象管理，从对客户的全面的人文化服务到企业团队的全面文化建设，无不充满了现代人文精神。传统的人文科学已经通过人文设计渗透到经济生活的各个角落，我们甚至已经找不到没有文化标记的产品、不借助文化影响的销售、不体验文化意义的消费。从这个意义上说，现代经济已经在总体上以文化意义为基础了，现代经济活动、社会活动与文化活动的界限已经不那么清楚了。

从文化人类学看来，一切人类的物质遗存物都具有文化符号的意义，都承载和诉说着某种文化意义。文化人类学通过理解文化符号探究过去的生活，而现代文化产业通过设计文化符号创造未来的生活。

我们可以以文化意义的创作与生产为文化产业的基本定义，按照这种生产的不同环节，将其区分出"文化意义本身的创作与销售""负载文化意义的产品的复制与传播"以及"赋予一切生产活动和产品以文化标记"三种不同的定义。当最后一个定义在社会生活中出现的时候，一个重大的发展趋势就显示出来了：为知识经济所推动的全球化发展，已经进入后工业时代，非物质性的、符号的交换与消费已经成为经济增长点，文化竞争已经成为综合国力竞争的主要领域。

文化产业是在文化与经济的交融中崛起的，我们应该将文化积淀与文化资源不断转化为富有吸引力和感染力的文化产品，转化为富有商业价值的文化精品，把文化资源优势尽快转化为经济优势，从而使我国由文化大国向文化强国过渡。我们应该积极发展文化产业，努力增强我国文化产业的整体实力和竞争力。在目前的文化交流中，出现了历史悠久、文化积淀深厚的文化对历史短暂的文化的交流逆差，例如，美国文化的强势输出，导致包括中华文化在内的历史悠久的文化在交流上出现了逆差。这说明，文化资源的优势并不能自然地转化为经济的强势。这其中有许多规律性的东西还需要深入地研究，我们应该采取一切有效措施尽快扭转这种状况。

我国文化产业联合调查组于2001年对国内三省（直辖市）所属九个市实地考察，在总结各省实践的基础上，对文化产业做了如下的界定："文化产业是指从事文化产品生产和提供文化服务的经营性行业。文化产业是文化建设的重要组成部分，有关文化产业和公益事业共同构成了文化建设的内容。调查组在对三省（直辖市）九市进行调研后初步认为文化产业主要包括文化艺术、文化出版、广播影视、文化旅游四个领域，具体行业的划分尚待进一步研究。"联合调查组对文化产业的界定与国际经济学界的探索基本是相吻合的。

　　文化是影响经济社会发展的重要因素，对一个国家、一个地区、一个民族的稳定、延续和发展起作用。它既可以起促进作用，也可以起阻碍作用和破坏作用。古往今来，国家、地区都要直接掌握一部分文化产品，使之成为公共产品，以满足经济社会发展的基本需要，这就是文化事业。国家、地区的财力越雄厚，掌握文化产品的数量就越多，反之，则越少。文化产品以商品的形式满足消费需要，于是部分文化服务劳动者专门从事文化商品生产，形成文化产业或文化产业经营。

第二章

现代文化产业的特点和市场定位

文化产业已被世界公认为是21世纪的朝阳产业，联合国曾在《世界文化发展十年规划》中提出："要对构成21世纪特征的重大挑战做应答，就必须要在发展中强调两个重要目标——发展中的文化尺度和人的文化生活。"文化已成为世界范围内经济社会发展的价值尺度。经济文化一体化发展、环境与文化协调发展已成为当今全球一体化发展的重要趋势。

第一节　文化产业的分类及特征

文化产业是从事文化产品与文化服务的生产经营活动以及为这种生产和经营提供相关服务的产业。其最终目的是满足人们的精神文化生活的需求。它包括科技文化产业、教育文化产业、媒体文化产业、旅游文化产业、文化设施产业、文化服务产业、公益文化产业和文化基础科研产业等。现代文化产业实际上是一个巨大的产业群，在大规模复制技术的基础上，实现广泛传播的功能，迅速向传统文化艺术的原创和保存两个基本环节渗透，将原创变成资源开发，将保存变成展示，并将整个过程奠定在现代知识产权之上。出于这样的理解，我们从行业门类上，把文化娱乐、新闻出版、广播影视、音像、网络及计算机服务、旅游、教育等行业看作文化产业的主体或核心行业；把传统的文学、戏剧、音乐、美术、摄影、舞蹈、工业与建筑设计等看作文化产业正在争夺的前沿；把广告业和咨询业等看作文化产业成功开拓的边疆。

发展文化产业，不但是一项具有经济效益的工作，而且是需要从国家文化安全与文化发展的战略高度予以重视的事业。在现代国际化的环境中，发展文化产业是保护和弘扬优秀文化的手段。事实证明，文化竞争和发展先进生产力关系十分密切，发展优秀文化与加快经济发展关系十分密切。只有在发展文化产品方面采取产业化、市场化的途径，才能加大传播我国优秀文化的力度，获得文化的竞争优势。

文化产业就是以提高社会效益为目标，以盈利为最终目的，以市场为主要发展机制，从事文化产品（包括物质文化产品和非物质文化服务）生产活动，满足人们精神和文化需求的产业。文化产业的特点具体可归纳为以下几点。第一，可重复生产。文化价值可以反复使用，文化产业提供的是以文化价值为主的产品和服务，其载体会消耗，如纸张。一部已出版的小说，经著作权人授权，可以被改编为歌剧、连环画，录制成CD，以新的方式呈现在人们面前。而今随着大众文化兴起，大众文化需求市场扩大，重复性生产成为文化产业的典型特征。现代科技在文化产品生产中愈来愈占有重要地位，内容复制技术得到迅猛发展，使愈来愈多的人参与文化产品的生产，大众可以成为文化生产的主体。因此，重复生产和大众化是相互依存的关系。第二，能够满足人们精神文化生活的需要。根据经济学家的研究，在人均GDP达到1500美元以上的高收入阶段，人们在逐步过上小康生活之后，对精神生活质量和生活环境的要求标准会进一步提高。在较短的时间内，要满足人们的精神文化生活需求，仅靠过去传统的文化创作生产方式显然不行，必须走产业化发展之路。文化产业包括的内容如艺术演出、文物拍卖、新闻出版、文化旅游、体育竞技、艺术培训等，改变了人们的生活方式和交往方式，极大地满足了人们休闲娱乐的需求。第三，追求利润最大化。在市场经济条件下，文化产业服从资本的逻辑而追求利润最大化，文化商品化的根本目的是增值，这样就使文化产品具有两重性质和两种效益——精神价值与商品交换价值、经济效益和社会效益。在其生产、消费过程中，有可能出现两种效益的分离和两种价值的倒挂。在社会主义市场经济条件下，文化产品的精神价值往往通过商品交换价值的实现得以实现，这是其商品性的一面；其非商品性的一面不是追求利润最大化，而是从根本上满足人民群众的精神需求。社会主义市场经济应以人民群众的高层次精神需求为准则，力求做到社会效益和经济效益的有效统一。

第二节　现代文化产业所表现的特殊性

与一般物质生产的产业比较，文化产业的特殊性表现在六个方面。

第一，文化产业的产品是满足人们的精神需求的。一般来说，人们的消费能力越强，对文化产品的消费越多，而其他产业的产品则主要是满足人们的物质需求的。

第二，文化产业产品的生产者必须是文化人力资本的拥有者，劳动者必须是具有创作才能的个人。文化生产中劳动报酬的支付完全是对脑力劳动的支付。而生产物质产品的产业，既有劳动力密集型的产业，也有资本密集型的产业，还有知识密集型的产业，甚至在一些产业中，三者兼而有之。

第三，文化产业是通过创造供给来创造和培育消费需求的。在文化产品未被生产出来之前，市场对其的需求是难以判断的，投资文化产品是要承担市场高风险的。创作者创造文化产品，或者是靠创作激情，或者是靠对市场需求的理性预期，可能没有明确的消费对象。而物质生产产业，则可以有明确的消费对象，有明确的消费数量，有明确的消费质量要求，完全可以按订单进行生产。

第四，文化产业的生产极具创造性和个性。文化产品的产生是具有自主知识产权的原创性研究和发明的过程。每一件文化产品都具有不可重复性、不可替代性和不可再生性。因此，文化产品都极具个性。而物质生产的产业，其生产的产品大多具有同一性、标准性、可替代性，产品大都有明显的生命周期。

第五，文化产业创造的是无形资产，积累的是品牌效应。同一产品被复制的次数越多，其产值就越高。而物质生产产业，一方面要生产有形物质，创造有形资产，另一方面要积累无形资产，不可能创造出脱离物质生产过程的无形资产。品牌也是有形商品质量和信誉的长期积累。

第六，文化产业与其他产业有共生性和融合性。任何一个产业形态，都融入了不同的文化内涵，酒文化、茶文化、饮食文化、居住文化、汽车文化等，无一不反映着不同的文化价值取向。

文化服务作为一种体现社会契约或经济契约关系的服务活动，与货物交易相比，其特殊性也包括六方面：① 不可储存和运输，服务的生产和消费同时发生。② 服务的易逝性，即在服务不能被完全使用时，就会发生机会损失。③ 服务的无形性，购买产品时，顾客可以在购买之前观察、触摸或测试，而购买服务时，顾客则依赖对服务提供者的认知程度或即时感受。④ 服务的需求决定性，服务不可能计划生产，而是开放系统，受传递过程中需求变化的全面影响。⑤ 服务的异质性，服务是观点、概念与感知，服务中顾客与服务提供者的交互性决定了服务的个性化，关注个性化也为服务的变异性创造了机会。⑥ 服务的即时性，服务的生产和消费同时发生，普遍地需要在同时、同地完成服务交易，服务提供者与服务消费者如果不在同一场所同时进入服务程序，服务交易就难以完成。

文化产品和文化服务的特殊性，决定了发展文化产业必须注意其独特性，必须将这个产业作为第三产业中的重要的新兴产业，准确地进行市场定位，积极推动其发展。

第三节　文化产业的市场定位

市场定位通常被称为产品定位或竞争性定位。市场定位是通过给自己的产品创立鲜明的特色或个性，从而塑造出独特的产品形象来实现的。产品的特色和个性，可以从产品实体上表现出来，如形状、成分、构造、性能；还可以表现为价格水平、质量水平。文化产业按照宽泛的定义，包括旅游、体育、影视、广播等许多方面，属于第三产业，是第三产业中的支柱产业。文化产业主要通过对各种文化产品的商品化，推向市场，以满足人们物质生活或精神生活的需要。

很多国家在进行产业结构调整时把文化产业作为其重要的发展产业。因为文化产业的发达程度不但是一个国家文明程度的标志，而且是经济实力与产业结构高度化的标志。

发达国家的第三产业大都发达，而文化产业往往是第三产业中的支柱产业。文化产业作为新兴的朝阳产业，在各国经济发展中具有越来越重要的地位，许多发达国家的文化产业已经成为国民经济的支柱产业，文化产业的从业人员已占全社会从业人员的3%～6%。

近年来，文化产业迅速发展，但与我国巨大的文化消费需求相比，文化产业发展还比较缓慢，与人民群众日益增长的精神文化需求差距还相当大。要加快文化产业的发展，必须给予文化产业一个正确的市场定位：通过文化产品的创造和传播，把先进文化转化为先进生产力。

任何时代的文化发展，都反映着当时生产力发展的水平。文化作品代表先进文化，就能推动生产力发展，反之，就会成为阻碍生产力发展的桎梏。一般说来，一定的生产力水平、消费水平和社会经济体制，既决定着文化产品生产和消费的总量和结构，又决定着其生产方式和消费方式。文化产业的产业规模、发展水平、运营机制、管理方式只有适应生产力发展，才能使文化产业健康发展。

如果文化产业的产品能符合消费者的消费偏好，可供消费者选择的文化产品和服务就能不断激发购买的欲望，实现有效需求，我国文化产业的发展空间将是相当大的。加快创造代表先进文化的产品和服务，从而拉动消费者对文化产品和服务的需求，把消费者的精神需求转变为生产力发展的强大动力，这是发展文化产业的原动力。

第四节　发展文化产业对国民经济的重要作用

文化产业可以形成新的经济增长点，这无疑会带来新的就业机会，可以广泛吸纳从业人员，扩大就业。文化产业的就业相关率是1∶4，一个文化旅游项目的建立，可以带动旅店、餐饮、绿化、工艺品销售等从业人员的就业。文化产业的建立可以有效地带动当地群众文化素质的提高，实现精神文明和物质文明的双丰收，可以为区域发展做出贡献。

发展文化产业是扩大就业、培育新的经济增长点的需要。文化产业具有投入少、产出高、增幅大、带动力强的特点。大力发展文化产业，除可以广泛吸纳从业人员、大量增加就业机会、减轻就业压力外，还可以带动影视、出版、广告、餐饮、娱乐、旅游、房地产、服装等十几个相关产业的发展，称得上是一举多得。文化产业发展往往会带动当地的旅游业取得显著的经济效益。

山东曲阜是孔子的故乡，1994年孔庙、孔府、孔林被联合国教科文组织列入世界文化遗产。曲阜以儒学优秀文化价值为内涵的文化旅游产业得到长足的发展，孔子文化节的成功举办，极大地拉动了地方经济发展。曲阜已形成著名的文化旅游品牌。

作为朝阳产业，文化产业具有极大的发展潜力，其发展不仅能提高城市的文化品位、改善城市的文化形象，还能够提高城市的竞争力。城市经济发展必须根植于当地的文化环境。

云南丽江曾是一个默默无闻的边陲小镇，如今已是闻名遐迩的历史名城，独具特色的纳西族象形文字、悠远绵长的纳西族古乐，是享誉世界的民族文化精品，以此打造的文化旅游品牌吸引了国内外大量游客。文化产业的兴起带动了住宿业、饮食业、交通运输业、建筑业等的发展，使丽江从一个落后的农业贫困县发展成为开放的文化名城。

农村经济与文化产业的发展具有相辅相成的关系。农村经济的发展、农民收入的提高，对繁荣文化市场、增加文化消费，从而促进文化产业的发展有着深远的意义；而文化产业对推动农村经济发展、开拓农村经济发展的新思路也有着不可忽视的作用。

文化产品具有精神产品的特性，使消费者在消费文化产品的同时，可以有效地提高综合素质，而这会为农村的经济增长和保证城乡在经济、政治、文化等方面的协调发展提供智力支持。

在促进农村经济增长方面，文化产业目前亟待解决的问题就是寻求合适的切入点，将文化产业的优势和广大的农村市场紧密结合起来。事实上，近年来有些农村地区在这方面已做了有益的探索，如广东的雷州半岛地区、河北吴桥。有了这样的切入点，文化产业对农村经济的发展就能够以点带面，从而形成全面开花的大好局面。笔者认为，教育产业和广播电视产业是较好的切入点。当然，这是一个重大的问题，值得文化产业从业者从多方面进行综合权衡和比较，更为重要的是，需要众多的文化产业先行者不断地进行探索和实践。

第三章

文化创意产业与媒介研究

第一节　文化创意产业与媒介的关系

创意是不同文化、不同思想在相互交流、相互碰撞中产生的。文化创意产业是把创新性的想法投入产业领域，并获得巨大经济效益的产业，其核心是创新。文化创意产业是文化产业的一部分，其重要性是我们不能忽视的。任何一种技术工艺都可能被他人模仿，提高竞争力的方法就是不断创新。人们面临着大量的产品选择，文化创意产业的产品要提高竞争力，应充分发挥媒介的作用。

一、文化创意产业与媒介的相互作用

不难发现，文化创意产业与媒介在很大程度上是相互作用的关系。众所周知，媒介有宣传、放大、解读、理解产品的作用，文化创意产品在媒介的作用下能被很好地宣传，可提高知名度。

（一）电影与媒介传播

电影作为文化创意产业之一，以创新为核心，不断发展，以满足人们的需求。电影在生产、消费的整个过程中体现了媒介对文化创意产业的促进作用。当代社会资源无疑是丰富的，个体的选择是多样的，个性也应该得到充分的体现。电影迎合了人们的这种需求。现代科技尤其是信息技术、自动化技术等高科技广泛运用于各类文化艺术活动中，给文化艺术带来了革命性的影响。电影就是科技进步的产物，现代电影的发展必须依靠高科技的支持。这为当代世界电影发展的现实所证实。我国电影的跨越式发展必须依靠我国相对先进的网络

与数字技术，实现复合开发、整合营销。

媒介帮助电影宣传、扩大影响力，还为电影提供新的营销手段。以往，电影的宣传方式是单一的，但现在人们可能会因豆瓣网上匿名网友的一句好评，或者地球另一端的网友在博客中的一篇影评而去看一部电影。人们看电影不一定非要去电影院，而是可以通过各种媒体观看自己喜欢的电影。网络使人们在空间上和时间上的距离越来越近。学者麦克卢汉在《关于理解新媒介的报告》中提出"全球村"的概念："全球村是一个丰富的富有创造力的混合体，这里实际上有更多的余地让人们发挥富有创造力的多样性。在这点上，全球村比西方同质化的、大规模的都市社会要略胜一筹。"①人们可以利用网络搜索自己想要看的电视剧、电影、节目，还可以补看以前漏看的重要新闻等节目，不受时间的限制。同时，媒介对电影营销的作用不可小觑，现实中很多案例也已证明，兹不赘述。

（二）广告与媒介传播

在广告业中，媒介功能越来越体现出高科技、组合化、人性化的特点。分众传媒的成功是一个生动的例子。它得益于江南春在适当的时间、适当的领域，有预见性地将广告的经营模式进行创新。分众传媒的首席执行官江南春，首先想到利用人们等电梯的无聊时间来播放广告，挖掘出人们的潜在需求。分众传媒在短短两年多的时间里在全国40多个城市中安装了2万多块液晶广告牌，先后4次获得包括软银、高盛在内的多家风险投资商的青睐。这充分表明，媒介只是一种工具，如何为我所用才是关键。忽视媒介、或者不能从媒介中挖掘出独特而新颖的东西，无疑是不明智的。

（三）音乐与媒介传播

成名的艺术家把音乐会、广播、电视节目中的表演录制成带，本身就可看成一种推广活动。广播节目中出现的"音乐排行榜"对音像制品的销量影响很大。对于歌手或者乐队来说，单纯地录制唱片，效果往往不理想。

当今，没有一首歌离得开媒介的推广。默默无闻的歌手在春节联欢晚会上表演后，其知名度会迅速提高；默默无闻的歌曲经媒介推广，就可能广为传

---

①麦克卢汉，秦格龙.麦克卢汉精粹［M］.何道宽，译.南京：南京大学出版社，2000.

唱。在互联网时代，媒介功能表现得更为突出。以百度网站为例，它将所有流行音乐按照受欢迎程度分门别类。听众的心理一般是什么歌曲点击率高、位置明显，就默认为好听。媒介尤其是互联网扮演了"把关人"的角色。

互联网渗透着音乐的制作、收听和共享过程：以豆瓣网为代表的音乐社交网络，提供了音乐人促销和发布产品的平台、听众交流意见的虚拟场所；以百度为代表的音乐搜索网络，为合法的音乐下载提供了便利。网络歌曲的创意还体现在彩铃上，彩铃创造了成规模的财富和就业岗位。服务提供商购买彩铃设计师的创意产品，根据不同地区和不同运营商的要求将其转换成对应的铃声格式上传至彩铃平台。

（四）手机报纸与媒介传播

随着现代通信技术的飞速发展，人们担心传统报纸将逐渐消亡。手机报纸是传统报纸与移动产业相结合的产物。手机报纸的发展具有创新性的意义，有学者认为"正如广播激活了唱片业，电视推动了电影业，手机媒体的出现极有可能会带来一场报业的复兴"。这说明，传统媒体在文化内容形式、体制机制、传播手段方面的创新，将解放和发展文化生产力，实现文化的创新、繁荣。

手机报纸的赢利模式有三种：一是订阅者的彩信订阅包月费，二是订阅者的手机上网流量费，三是广告投放费。手机报纸首先弥补了传统报纸时效性差的问题。传统观点认为报纸相比广播、电视时效性差，因为报纸每天出版一次，当天发生的事件往往要到第二天见报。手机报纸弥补了这一缺陷。手机是"带着体温的媒介"，手机报纸可以随时通过短信、彩信的形式将新闻传播到订阅者身边。

手机报纸的另一大创新之处就是弥补了传统报纸互动性差的缺点。传统报纸虽然有"读者信箱""编读互动"之类的专栏，但往往流于形式。手机报纸的订阅者除了通过手机来接收新闻之外，还可以向其他人转发新闻。现在的手机报纸还开通了新闻报料、投票等功能，订阅者可以在第一时间参与报纸的各种活动。不仅如此，手机报纸的订阅者还可以把自己的感想、意见、阅读体会及时发送到通信平台，可以实现编辑、读者直接的交流互动。

（五）文化创意产业对媒介的更高要求

在文化创意产业与媒介合作共同发展的过程中，文化创意产业对媒介提出了更高的要求，促使媒介不断升级。

例如，报纸在文化创意产业蓬勃发展的今天已经成功升级了。报纸尽量为读者提供自由表达的平台。我们将报纸的"话题征文""读者点题""口述实录""百姓茶坊"等栏目与以前的"读者来信""编读往来"比较一下，会发现现在报纸版面主角是读者，读者大发议论，有时连话题也是读者定的，编辑则隐身到幕后，但仍然控制着整个讨论，充当"把关人"的角色。现在，报纸还特别注重版式和图片"外包装"，力求给读者带来视觉冲击，增强审美效果，以此来吸引读者。

二、文化创意产业与媒介的互利共赢

文化创意产业和媒介在收益效果上表现出互利共赢的关系。在传播上，文化创意产业和媒介又表现出另一种关系，即媒介是文化创意产业的重要载体，文化创意产业是媒介传播的重要内容。

文化创意产业已成为一种不容忽视甚至不可抗拒的文化力量。文化创意产业具有后现代化、多样化、在线生产销售、数码复制、分散生产和分众销售的特点，这就要求有与之相应的传播途径。于是，形成了文化创意产业与媒介内容与形式的联系。媒介反映文化，成为一定的文化喉舌。媒介是文化创意的塑造者、引导者，例如，通过媒介构建电视文化、流行文化、音像文化、摇滚文化。文化创意不经过媒介传播就得不到继承和发展。文化创意产业只有成为媒介传播的内容才能焕发新的生机，媒介只有成为文化创意产业的载体才具有真实的价值。文化创意产业与媒介很好地结合能推动社会文明的发展，满足大众获取知识文化信息的需要。

媒介对文化创意产业受众群体的影响在于它可以在无形之中发挥一种强制的引导性。这就要求文化创意产业将落后的、封建的、腐朽的文化驱除出去，吸收优秀的文化，要对媒介行为适当地约束，防止部分人利用媒介传播不利于社会发展的文化信息。通过把关媒介的传播范围和方式为文化创意产业的发展创造一个健康的环境，促进两者共同发展。

从传播方面讲，媒介是文化创意产业发展壮大的重要载体，而文化创意产业是媒介传播的重要内容，它们是形式和内容的关系。从收益效果上讲，文化创意产业与媒介是相互作用、互利共赢的关系。文化创意产业与媒介是相互依存的。

第二节 文化创意产业中媒介的功能及意义

文化创意产业是推动经济增长的新兴产业。联合国教科文组织认为，它包括文化产品、文化服务和智能产权三项内容。在我国，软件、网络及计算机服务、文化艺术、新闻出版、广告会展、广播、电视、电影均被纳入文化创意产业。媒介作为人们生活中无孔不入的组成部分，正在以难以想象的力量构建着人们的生活，同时也作为构成文化创意产业的重要组成部分，为文化创意产业贡献效益。媒介作为深刻影响人们思维和生活的要素，在推动文化创意产业的发展方面发挥着不容小觑的作用。文化创意产业中媒介的功能具体体现在以下几个方面。

一、文化创意产业中媒介的功能

（一）折射功能

媒介犹如一面"镜子"，它能折射消费者的需求，市场可根据媒介反映出来的需求创造与之对应的产品。

人们的消费欲望往往通过媒介特别是网络传达，而人们对文化创意产业的消费也不是纯粹的物质消费，而是包含着人们自我认知、自我肯定的复杂过程。大众女歌手选拔比赛节目《超级女声》的成功就是媒介折射功能的具体体现。

（二）指向功能

媒介的折射功能是媒介被动反映人的欲望，它需要人们发现才能产生效益。媒介的指向功能则是媒介主动作用于受众。媒介的指向功能不仅指引消费者选择文化创意产品，还指引文化创意产品向受众推销自己。在生产与消费中，广播、电视、互联网等现代社会主流媒体起了决定性作用。经过媒介的指引，原先并不为人知的文化创意产品能够很快打开市场。现在，媒介的极力宣传为许多电影的热播创造了重要条件。变形金刚、米老鼠、奥特曼等玩具在我国热销，是因为受到动画片热播的影响。媒介使文化创意产品被消费者接受，从而为文化创意产业创造了广阔的市场。

（三）凝聚功能

在文化创意产业中，媒介具有凝聚功能。人们利用各种媒介为自己服务，媒介仿佛是通往"宝藏"的"隧道"。当然，这里的"宝藏"指的是上述的服务。媒介将各种"宝藏"都聚在"隧道"的彼端，这体现了媒介的凝聚功能。媒介使得海量信息能够被收集、获得，又因为有了海量信息，所以才有了利用媒介的必要性。

媒介凝聚功能的具体表现是人们利用媒介能将现代文化和传统文化有机结合。由于现代文化与传统文化相结合，人们可利用的资源就更丰富。有了媒介，人们不仅可以自由"往来"于现代文化和传统文化之间，还可以从这些丰富的文化资源中选择需要的信息。

例如，电视剧《红楼梦》将古代的民俗民风、饮食文化、服饰文化、建筑风格、医药和文学都展现得淋漓尽致，将这些作为结构性元素反复呈现。其中的拍摄技术和服饰的精美、建筑的辉煌，无一不体现了现代社会生产力的进步。从这一角度来看，媒介将传统文化和现代文化很好地结合，让人们的生活更加丰富多彩。

（四）媒介自身为文化创意产业贡献效益

广播、电影电视、网络等是文化创意产业的组成部分，它们自身也为文化创意产业贡献效益。

从以上可以看出，媒介的折射功能、指向功能、凝聚功能和媒介自身可为文化创意产业贡献效益，这在文化创意产业中无不得到充分体现。文化创意产业的迅速发展和壮大离不开高度发达的媒介，媒介的作用应得到重视，以使其更好地为文化创意产业服务。

二、文化创意产业中媒介的意义

（一）媒介带来文化创意主体的碎片化

"碎片化"理论是近年来社会学、传播学关注的焦点之一。受众的碎片化、自我意识的觉醒，导致了媒介分众化趋势愈演愈烈。随着媒体技术的发展，分众化的趋势也越来越明朗。以个人为终端的短信、网络、专业电视频道、直邮和户外广告，瓦解了传统媒介的垄断，也为市场细分提出了更高的要求。

1. 个性化时代的到来

当今，人们选择商品的自由度很大。文化创意产业的本质是倡导以个人为基础的发展方式，是对个性的又一次解放。创意经济强调眼球吸引力，重视物质、感官体验，在创意经济里感性消费超过了理性消费，消费者愿意为"体验经济"而慷慨解囊。同质化竞争日益激烈，企业被迫寻找新的盈利模式，规模带来的效益越来越少，而创意却能一本万利，从"红海"游向"蓝海"已成为潮流，在传统的汽车工业里奥迪汽车也开始为顾客定制独一无二的产品并且由此获得更多利润。

2. 媒介加速文化创意主体"碎片化"进程

媒介加速了文化创意主体的碎片化进程。书店可以直接通过微信告诉顾客他（她）想要的书到了；数字电视带来频道的几何级增长，必然加速观众的分众化。技术的发展为个人实现自我、表达自我提供了越来越多的可能性和越来越多的渠道。

一些网民的"审丑"，在更深层面上来说标志着公众对传统一元化的社会价值评价体系的颠覆，他们要求实现自身价值观的多元化；博客经济的兴起，标志着网民要求颠覆公共媒体的话语霸权，人人可以成为记者；《超级女声》的选手们则要求颠覆精英的传统社会设置，普通人也能成为明星，投票的观众通过短信的方式间接满足了这一要求。这些不可思议的成功、匪夷所思的现象，恰恰是在新技术条件下社会成员对传统的颠覆，对自我实现的探索，对自己个性的解放。虽然这一次次的探索可能是莽撞、混乱和破坏式的，可能是解构多于建构，但其所反映出的探索方向却值得我们深思。

"文化创意产业"的提出，标志着"碎片化"已经进入了实质性操作的阶段。一方面，文化创意产业推崇个人的创造力、想象力；另一方面，文化创意产业通过满足个人不想雷同于其他人的那一部分追求，来获得自身价值的提升和实现。文化创意的核心是个人创意、技巧及才华，方式是运用知识产权，最终目的是创造财富和就业。不注重个体社会成员的需求，消费者个人的、独特的需求，文化创意产业就找不到市场，价值的实现也就无从谈起。

3."碎片"时代的媒介新功能

文化创意产业旨在发挥受众的创造力。传统的媒介是被专业人士所垄断的，小部分的人往往创意有限。媒介有了一种崭新的功能，即为"碎片"的创意阶层服务。为谷歌画图标、为苹果公司设计新的电脑外形、录制稀奇古怪的手机彩铃都可以成为工作，这些工作本身就充满了乐趣，除了享受乐趣，还能得到实在的报酬。

文化创意产业为消费者提供更体贴、更个性化的消费体验。网络和分众传媒已经开始为不同的阶层打造不同的内容。个人作为组成社会的"碎片"，拥有了更大的自主性和更多选择，个人作为生产者和消费者都能够充分享受到创造带来的乐趣。

（二）媒介带来文化创意主体的全球化

我国香港的迪士尼乐园一开张，慕名前来参观的游客便不计其数。迪士尼乐园，究其本质是文化产品，而且是来自异国的文化产品。因为媒介，许多人在童年认识了唐老鸭、白雪公主等卡通形象和童话人物，所以对这样一个来自异国文化的主题公园产生这么高的认同度。这是一个媒介带来文化创意主体的全球化的生动例子。

互联网使创意主体的全球化向前推进。可能你刚刚在上海拍摄的DV作品，发布到网站上，就有美国的电视台很感兴趣，希望采用。《广州日报》曾经主办过报纸DIY大赛，在全国各地的参赛者通过软件在电脑上制作版面，只要登录网站就可以把创意作品传到广州，参与评选。

（三）媒介扮演次级文本角色

次级文本功能由费斯克提出。他是著名传播学者，进行了大量通俗文化方面的研究，被认为是"无可救药"的大众文化消费者。在多年的批判研究中，费斯克区分了三种文本：初级文本、次级文本、第三级文本。他认为，初级文本是电视机构制作完成的原初文本。次级文本是为初级文本做宣传或解读的副文本，大体有两类：一类是制作者策划发布的宣传、广告，一类是其他媒介。第三级文本是最为关键的副文本，指的是观众观看以后的反应或彼此的交流，如口头交谈、观众来信、网络评论。

1.从初级文本向次级文本嬗变

运用费斯克的次级文本理论，文化创意产业的产品可视为初级文本，而媒介在其中发挥的正是次级文本的功能。正是由于媒介的宣传、放大、解读、诠释，看似遥远的初级文本被受众所接受，从而为文化创意产业创造了广阔的市场。

正是因为受众具有了某种自由选择的机会，所以媒介如何进行宣传、放大、解读、诠释，直接关系到文化创意产品传播的效果。如果媒介进行虚假、夸大、主观的传播，必然被受众所唾弃。

2.受众选择的悖论

受众的自由首先体现在他们可以自由地选择场域。但受众是分散、匿名的，他们的力量有限。虽然有权挑选文化资源，但是在媒介支配之下，受众往往又是有选择性的、间歇专注的，只能在仅有的几个选项中做排除法。这就是受众选择的悖论。

但是就算在这样的前提下，受众也有一定的权利。他们可以挑选能与自己日常生活有关联的部分，并且用自己的方式解码。

（四）媒介从"满足"到"涵化"，实现文化创意产业的繁盛

创意的前提是需求。文化创意产业以精神生产和生产精神为核心，创意可大可小，文化创意产业的关键是用创意为产品或服务提供实用价值之外的文化附加值，最终提升产品的经济价值。

1.媒介的使用与满足功能

大众传播的使用与满足理论，对于解释文化创意产业中的媒介功能具有代表性。1974年卡茨在其著作《个人对大众传播的使用》中首先提出该理论，他将媒介接触行为概括为一个"社会因素+心理因素—媒介期待—媒介接触—需求满足"的因果连锁过程，提出了"使用与满足"过程的基本模式。后人对其补充和发展，综合提出"使用与满足"的过程。

根据该理论，人们接触和使用媒介的目的首先是满足自己的需求。这种需求和社会因素、个人的心理因素有关。因此，当基本的需求得到满足时，人们便开始转向更高层次的、更有创意的需求。人们接触和使用媒介还要符合两个条件：一是接触媒介的可能性，二是媒介印象。根据长尾理论，由于媒介从

"卖方市场"转向"买方市场",在海量的媒介选择中创意的传播方式尤为重要。当受众选择特定的媒介和内容并开始使用后,结果有两种:一种是满足需求,一种是未满足需求。无论满足与否,都将影响到以后媒介的选择、使用行为。人们根据满足结果来修正既有的媒介印象,不同程度上改变了对媒介的期待。传统理论认为,受众是有着特定需求的个人,他们的媒介接触活动也是基于特定的需求动机来使用媒介的。但现在,几乎所有的媒介都能使这些需求得到满足。要了解一件大事,选择报纸、广播、电视、网络中的任一媒体都绰绰有余。在众多选择面前,受众往往眼花缭乱,往往会倾向于最新奇、最能够吸引人的选择。

2. 媒介的"涵化"功能

在媒介力量无孔不入的今天,媒介不但能迎合需求,而且能够培养需求。例如,有一则钻石戒指广告说:"钻石恒永久,一颗永流传。"广告商想让人们认为钻石戒指是永恒爱情的一个象征符号,想让受众认为钻石戒指与永恒爱情之间有一种天然的联系,拥有钻石戒指,就能获得永恒爱情的保证。但实际上,这两者根本没有必然联系。独具匠心的广告能够把美、成功、舒适生活等多种意象附着于平庸的商品上。商品一旦承担了这种文化联系,销售的局面就非常容易打开。

媒介不遗余力地参与电影的营销,已经是当前我国"大片"宣传的普遍现象。当《集结号》首映的时候,媒体对它的预期很高,很多新闻节目也对其进行了报道。报道播出后,立刻在"天涯论坛"等网络社区引起轰动。这就更加深了观众对该片的心理预期,观众被"涵化"了。

第三节　文化创意产业价值链与媒介融合发展

媒介融合已经成为主流趋势。新媒体的崛起并未引起传统媒体的衰落,相反,在两者之间的行业壁垒变得越来越模糊的同时,业务交叉与合作也越来越频繁、广泛和深入。媒介融合、资源共享、优势互补,使受众需求通过多种方式得到了更充分的满足，使各种资源获得了更大限度的整合和利用，使文化创意产业的价值链不断延伸和拓展，为传统媒体和新媒体开辟了共赢的空间。

一、共享受众资源，拓展市场份额

在分众传播时代，受众定位对媒体竞争来说尤其重要。对于电视媒体来说，找准自己的定位，并选择与自己具有相似受众定位的新媒体进行合作，对扩大受众群、提高收视率、拓展市场是有利的。

上海盛大网络发展有限公司与湖南广电集团宣布双方达成战略合作，共同出资6亿元成立盛视影业有限公司，在影视制作发行和相关衍生业务领域展开合作。一个是新媒体中领先的互动娱乐媒体企业，一个是传统电视媒体中知名的企业，两家媒体的合作可谓优势互补、强强联合。盛视影业有限公司成立后采取了一系列的举措，电视剧《新还珠格格》的筹拍、《我要拍电影》等节目的筹办，无一不成为热点话题。两家媒体能够顺利合作的基础在于具备极度相似的受众群体，即青少年，二者的合作正是基于共享受众资源，并在更大程度上共同开发目标受众的市场潜力。传统的电视媒体具有品牌优势，湖南卫视作为省级卫视中的佼佼者，其定位为"快乐中国"，是专注于娱乐节目的传统媒体，拥有大量年轻受众。

二、盘活行业内存量资源，实现多重价值开发

电视台曾经是电视节目播出的唯一平台，大多数节目在播出一两轮之后就被束之高阁，变成了"沉睡"的资料片，可能会在若干年后被片段性地偶尔使用，也可能永远不会被再利用。在这种情况下，节目基本失去了经济和社会价值。一次性使用造成了节目资源的搁置和浪费。而在媒介融合的今天，电视行业内的存量资源，也就是大量在电视屏幕上播出过的节目被重新包装、利用，用于公交移动媒体、网络媒体、手机媒体、楼宇媒体等新媒体平台的节目播出，一方面节省了制作成本，另一方面使"沉睡"的资源获得新的经济价值和社会影响力。在存量资源开发方面，CCTV移动传媒已经做出了很好的尝试。

目前，公共交通仍然是我国市民最重要的出行工具。大量上下班乘坐地铁或公交的市民，常常通过移动传媒看到各地的新闻、电视娱乐节目、电影和电视剧的预告片，公交、地铁的移动媒体渐渐成为人们生活中重要的休闲娱乐媒介，甚至是获取信息的重要渠道。

中央电视台和巴士在线合资成立CCTV移动传媒并正式开播，成为中国首家传统媒体与新媒体合作的媒体公司，在全国范围内开展移动电视业务。这一项合作在传统媒体与移动新媒体的融合方面进行了一次成功的探索。CCTV移动传媒秉承了中央电视台的品牌优势，将传统媒体的品牌效应延伸至移动传媒。与传统电视媒体的合作还意味着与之进行资源共享。除了为移动媒体特制的少量节目外，中央电视台大量的节目积累成了移动传媒的资源库，不但节省了制作成本，还使中央电视台的存量节目资源得到了新一轮的价值开发。

移动传媒覆盖了人们"在路上"这个传统电视媒体覆盖不到的传播时间与空间，扫除了受众的又一个收视盲点。自2007年12月18口开播以来，CCTV移动传媒的移动媒体业务已覆盖北京、上海、广州、深圳等几十个大中城市。高覆盖率使移动传媒拥有了广大的受众基础，这对传统电视媒体开拓受众市场也做出了显著的贡献。公交移动媒体最大的特点在于其播出空间的封闭性和传播的强制性，与传统电视媒体的观众手握遥控器的观看方式不同，移动媒体的受众没有选择的权利，被动并自觉地成了"忠实"的受众。从这个意义上说，公交移动媒体的传播能力和效果是十分强大的。CCTV移动传媒播放的节目很多是中央电视台各频道的品牌栏目，这对栏目也起到了很好的宣传推广作用，短暂的一路相伴之后，乘客很可能了解甚至喜欢上了一个之前从未接触过的节目，并且成为这个节目的长期受众。

除了移动媒体之外，网络媒体对盘活电视行业内的存量资源更是功不可没，优酷等视频网站，新浪、搜狐等门户网站旗下的视频频道都成了电视节目的再播渠道。视频网站依靠广告收入购买电视节目的网络播出权，而传统的电视节目在多次被购买的过程中实现了多重价值的开发。电视节目通过不同的媒介被多次包装和播出，多维、立体地开发节目的多重价值，扩大影响力，巩固和培育受众群，真正实现传统电视媒体与公交移动、网络、手机等新媒体的互惠与多赢。

三、发挥互动性优势，扩大赢利空间

网络、手机等新媒体在互动性方面具有优势，互动已成为先进的营销策略，是受众与节目之间的黏合剂，进而成为保证收视率和市场份额的有效途径。如今，传统的电视媒体用"以受众为中心"的科学态度面对传媒市场，与受众互动成为其努力实施的营销策略。

手机为传统媒体带来了不同于以往的全新互动方式，最初的电视互动的方式大多是观众拨打电视台的电话，或者写信、写邮件，这使互动受到极大限制。而手机突破了这种局限，带来了全新的互动方式。它具备了使受众与节目产生互动的重要因素。一方面，手机用户都成为手机媒体的潜在受众，形成与传统媒体互动的基础。另一方面，手机用户在家里、在路上、在办公室都可以使用手机参与互动。

《超级女声》节目的创作人员看到了互动的重要性，找到了一个实现互动的形式——手机短信投票。这为双方提供了很好的交流平台，使观众有切实的参与感，并积极参与节目，进而影响选秀结果。从海选到分站赛，再到决赛，每一个阶段都有互动带来的大众参与，在不断提升节目收视率的同时，带来较高的电信增值业务的利润。可以看出，新媒体为电视媒体带来更广阔的赢利空间。

新媒体中的网络媒体在与传统电视媒体的合作中，也表现出强大的互动优势。

网络媒体拥有独特的点对点的传播方式，参与性、互动性更成为网络媒体的特点。虽然手机短信使电视媒体与手机运营商均获益不小，但是我们不得不承认短信方式的互动也存在局限，电视直播结束，互动便即刻停止，没有将互动价值延伸至节目之后。而网络媒体可延续性地进行互动性传播，这就突破了手机媒体的局限，能够为传统电视媒体持续造势，持续扩大赢利空间。

互动性是新媒体的重要优势，传统电视媒体可以借助新媒体的这种优势提升节目的收视率，并通过以互动为主的增值业务扩大节目的赢利空间。新媒体也可以借助传统媒体的节目资源获取互动话题并吸引观众参与，从而赢得点击率，扩大广告收益，并创造一些新的衍生价值。

通过以上分析，我们看到优势互补、资源共享、互惠共赢已成为媒介融合

的主旋律。在文化创意产业蓬勃发展的今天，新媒体为传统电视媒体带来了更强的活力和更大的价值空间。同时，传统电视媒体为新媒体带来了丰富的节目资源，进而增强了新媒体的赢利能力和社会影响力。

第四节　文化创意产品与媒介融合的创新传播

如今，随着互联网、多媒体等高度介入与积极响应，整个社会的文化传播载体与传播方式正在经历一场深刻的变革，涌现出了电子传播、网络传播、移动新媒体传播等多种新的传播工具和传播载体。文化创意产品的传播理念、传播载体和传播范围都发生了根本性变化。

一、媒介融合时代的文化创意产品变革

各式各样的新型传播媒介为文化创意产品的创造、共享和交流提供了平台，使文化创意产品的内涵、形式和创造过程发生了根本性的变化。

（一）表达形式的融合

互联网和多媒体技术使单向、平面、静止的内容表现形式向交互、立体、跨媒体乃至多线索方向转变，使文字、图像、影像、语音等原来以不同表现形式和载体表达的内容得到统一。通过互联网，读者和作者可以实时沟通。立体化、跨媒体的文本、声音、视频等多种方式可以最大限度地满足特定内容的表达需求。在动漫、游戏等应用中，内容通常由角色或事件等多线索驱动。网络技术的发展给文化创意产品带来新的表现形式，如博客这种表现形式充分展现了自由发表、个性化写作、双向互动、跨媒体表达、超文本组织和随时更新等特性，成为"挑战"传统出版的典型例子。

（二）创造主体的变化

互联网平台使每个人都有平等的机会成为文化创意产品的内容创造者。数字内容的融合使出版、传媒、信息技术、服务等相互渗透、充分竞争。网络技术的发展使大规模协作创造内容成为可能，也彻底颠覆了以个体或团队创造为

主的传统内容创造方式。

（三）创造过程的革命

超文本（Hypertext）的发明使文化创意产品的内容创造过程实现了从顺序方式到非顺序方式的跨越，也使内容表达从过程式组织转化为结构型或主题驱动型组织。这种改变不仅适应了人类非线性、跳跃性、联想式的记忆思维特点，使相互关联的信息能以网状的结构记忆存储、搜索、再现，还建立了超出文本层面的语言层次和信息结构，极大地方便了信息搜索以及个性化的内容再组织。

二、媒介融合时代的文化创意产品传播特征

在媒介融合时代，传统媒体与新媒体之间的界限与壁垒逐渐消失，文化传媒产业进入多种媒介共存的数字出版领域，衍生出了多种多样的数字化文化创意产品。

（一）文化传播的理念由传统和保守逐渐走向现代和自由

传统的文化传播方式属于由点到面的单向传播和被动方式的传播。新媒体的出现从根本上改变了传统媒体单向传播的特征，充分体现出人的主动性和传播的双向互动性。另外，传统的图书、报纸、杂志、电话等媒体由于其可控制性而使文化显得较为保守。各种媒体整合改变了文化传播的传统理念，打破了原来的传媒格局，也打破了相对稳定的文化平衡。文化传播的理念由传统和保守变得现代和自由。

（二）文化传播的载体由单一媒介转向多种媒介融合

网络技术和数字技术的发展为文化的创新和传播打开了各种融合的渠道。现阶段人们可以用网络电视、手机电视、移动电视等各种新媒体表现形式，进行全方位的文化信息资源的开发与传送。人们在互联网上可以在更短的时间里完成一定量的知识的学习。在互联网上，可能会产生无数作家。以文学作品的传播为例，过去的文学作品只能通过报纸副刊、书籍、杂志等渠道进行传播，而融合媒介的出现使网络文学兴盛，不仅广泛、快捷地传播了文学作品，还培养了大量网络文学作家。

（三）文化传播的范围由大众化转变为大众化和小众化兼顾

网络传媒扩大了文化传播的范围，方便了跨国界文化和信息交流，使人们关心的对象与范围已经不再局限于本国。移动新媒体的运用改变了传统媒介线性传播的局限性，手机报、移动电视等最大限度地吸引了受众，使文化具有更高的接受率，既满足了受众的共同需求，也有足够的信息空间满足受众的个性化需要，使文化传播的覆盖面不断扩大，使其渗透力和影响力不断增强。

三、媒介融合时代的文化产品创新与传播

（一）基于增值性的文化资源创新

当前，我国文献资源建设的范围、层次、种类不够完备，多媒体资源仍未构成规模，并且知识资源质量总体落后，信息加工与知识挖掘的深度、资源激活力度明显不足，迫切需要借助现代科技开发具有增值性的文化资源。

1. 功能创新

依据文化资源自身的有序性和知识的内在关系，充分利用信息技术形成覆盖文化生产、传播、扩散、应用、评价以及文化资源保存和增值利用全过程的产业价值链，创造出文化资源大规模、系统化集成的优势，更有效地向用户揭示文化资源的内容和知识，更广泛、深刻地吸引读者，提升文化资源的传播价值。以中国学术期刊网络出版总库为例，它采用智能全文检索、知识挖掘技术、网格技术、搜索引擎技术等基础性、关键性信息技术，使得检索的功能更加强大和完善，确保了总库能够对海量非结构化的数据进行良好的存储、管理，能够为用户提供导航、链接和检索等增值服务，收到了良好的传播效果。

2. 协同创作

维客（Wiki）技术是以协同创作为标志的Web 2.0核心技术之一，可以实现协同创作、协同编辑、协同审核、协同校对和协同发行。在文化内容积累上，维客充分发挥了普通网民的作用，由广大网民自由贡献，与以往主要由专家提供内容的形式有明显的区别。维基百科全书是较为成功的维客项目，它利用身处世界各地的网民自发贡献内容，在短短数年间造就了超大规模的网络百科全书，并成为大量读者查找资料的有效来源。BBC（英国广播公司）实施

的"超越广播"（Beyond broadcasting）战略是网络协同创作的又一个成功典范。BBC不仅将自己看作内容的制作者，对内容的元数据进行更好的组织，让用户能够方便地找到他们需要的内容；还将用户看作内容的制作者，为用户提供更好的平台，让用户写博客、上传视频，让用户参与讨论和创造。

3. 内容互连

内容互连（Intertwine）把在线期刊、电子书和参考书全都放在一个平台上实现互连，不断增加图文并茂的内容，增加具有缩放功能的高清晰图片，连接图片库，提供可运算的表格，增加有词典支持的浏览，建立多语种的语义链接功能，方便读者按电子书、期刊或在线参考书来挑选内容。例如，施普林格公司通过三维动态化学结构显示、动态图形、数学公式运算、从图表中输出数据等功能方便读者有选择地阅读和学习。

（二）基于跨媒介的文化创意产品传播

跨媒介传播模式是针对新传播载体和传播工具而提出的一种文化创意产品传播与共享形式。跨媒介传播呈现出交互性、时移性及去中心化的特征，有助于节约文化资源开发成本，提高文化传播效率，实现文化资源共享、优势互补，进而产生超常规的文化影响力。跨媒介传播是在各种媒介多赢前提下的跨媒介重组与整合，实现异体同步传播。在这种传播模式中，允许一个产品整合多种传媒，根据读者的阅读习惯，综合运用平面媒体、磁光介质媒体、网络媒体、移动媒体等，对文化资源进行整合利用和再利用。相同的文化产品可以由不同媒体同时传播，也可以充分利用时间差，将某一媒体下已经由市场证明是成功的文化产品，运用互联网等多种不同的方式转移到另外一种媒体进行二次传播，以实现多渠道全媒体的同步传播。

第四章

内蒙古文化产业发展基础

第一节　内蒙古文化产业发展的基础

内蒙古有优秀的历史文化传统。改革开放以来，特别是党的十五大提出建设有中国特色社会主义文化的纲领之后，内蒙古文化进入快速发展时期，文化建设取得了显著成效，为推动和发展内蒙古的文化产业提供了良好的机遇。

一、文化基础设施建设逐步加强

内蒙古电台实现了节目制作、播控技术的职能化、网络化、数字化，走进了全国先进省级电台的行列。内蒙古电视台的电视节目在国内外的影响也越来越大。一批公益性文化工程相继建成，文化阵地建设有了明显改观。文化基础设施建设逐步加强，为融合世界文化奠定了物质基础。

二、文化精品创作成果显著

"十二五"期间，内蒙古的文艺园地百花齐放，成绩喜人。从2011年至2014年，内蒙古文艺家创作的各类文艺作品在全国获得各类文艺奖项1400余项。

在此期间，内蒙古广大作家、艺术家坚持以人民为中心的创作导向，推出了一大批体现草原文化核心理念、具有时代精神的优秀文艺作品。电影、电视艺术、音乐、舞蹈、美术、书法、戏剧、曲艺等艺术门类的创作也取得了丰硕成果。民族影视得到长足发展，《老哨卡》等8部电影在第65届戛纳国际电影节上亮相，《诺日吉玛》获得第30届中国电影金鸡奖"最佳女主角奖"和"最佳中小成本电影奖"，这是内蒙古电影的重大突破。

还有为数众多的文艺作品和文艺家获得全国、全区各类奖项。内蒙古音乐家协会选送的多件作品获得中国音乐"金钟奖"，电视纪录片《中国有个敖鲁古雅》获中国电视"金鹰奖"，著名舞蹈表演艺术家斯琴塔日哈荣获第二届中国舞蹈艺术"终身成就奖"……

"十三五"期间，内蒙古坚持以人民为中心的创作导向，弘扬草原文化精神，突出民族与地域特色，创作了一批思想精深、艺术精湛、制作精良的文艺作品。民族歌剧《江格尔》等7部作品入选庆祝中国共产党成立100周年舞台艺术精品创作工程，舞剧《草原英雄小姐妹》荣获第16届"文华大奖"，舞剧《骑兵》荣获第12届中国舞蹈"荷花奖"，124个项目获得国家艺术基金资助。

三、基层群众文化活跃

城镇广场文化、社区文化、校园文化、企业文化、节庆文化蓬勃发展，其中，呼和浩特昭君文化节、鄂尔多斯文化艺术节、呼伦贝尔成吉思汗文化节、包头消夏文化节在区内外产生了较大影响。各盟市主办的那达慕大会已成为极具吸引力的文化旅游节。农村牧区"彩虹文化""边疆文化长廊""草原书屋"和农村牧区电影放映"2131工程"等重点文化工程建设取得良好成效。

四、文化产业正在发展

文化旅游业快速发展，已经成为第三产业中的支柱性产业，并且带动了文艺演出业和文博会展业的兴起。内蒙古形成了出版物门类齐全，编辑、印刷、发行相互配套的出版体系。影视音像业、报业、出版业等产业初具规模，正在探索市场化运作和规模化经营。但是，内蒙古文化产业的发展还很不充分，文化资源尚未得到有效的利用。随着高新技术产业的不断发展，艺术演出、影视音像、文化娱乐、旅游、体育健身、信息服务等成为新的消费热点。

第二节 内蒙古文化产业发展背景

一、良好的政策环境

党的十七届六中全会提出"推动文化产业成为国民经济支柱性产业"的任务，党的十八大提出"扎实推进社会主义文化强国建设"，要"增强文化整体实力和竞争力"，"推动文化事业全面繁荣、文化产业快速发展"。2011年，内蒙古自治区提出推进民族文化大区向民族文化强区跨越的战略目标。2013年，内蒙古自治区提出"8337"发展思路，明确了文化产业的战略定位和发展方向，对文化产业的跨越发展提出了新的要求，这标志着内蒙古自治区文化产业迎来了快速发展的机遇。文化产业发展在全局工作中的地位不断提升，为文化产业发展创造了良好的环境。内蒙古自治区出台一系列政策和措施，从市场准入、税收减免、投资融资、土地使用、建设重点以及人才引进与培养等方面为加快文化产业发展提供了良好的发展环境。在开展文化体制改革工作中，通过实行企业转制和事业单位改制，培育壮大了一批实现自主经营、自我发展的国有和国家控股的文化产业企业，产生了很好的带动作用。各级人民政府也制定了本地区发展文化产业的具体规划和实施措施，形成了良好的文化产业创新发展的社会氛围和政策环境。

二、独特的文化资源

丰富的文化资源是发展文化产业的基本要素，也是构建文化产业发展的基础。内蒙古自治区在文化资源开发方面具备了一定优势，内蒙古大草原自古以来就是我国北方游牧民族活动的空间，其积淀了丰富多彩的历史文化，形成了与黄河文化、长江文化交相辉映的草原文化，是中华民族文化中独特的辉煌篇章。以蒙古族为主的少数民族丰富的民间音乐、舞蹈、绘画、雕刻、民间工艺、体育、饮食、服饰和极具民族特色的习俗使内蒙古自治区成为博大的民俗文化承载地。内蒙古自治区文化底蕴深厚，还拥有多样而独特的民族文化、丰厚悠久的历史文化、低碳绿色的生态文化。这些特色文化资源无可比拟、知名度高、可开发性好，具有鲜明的地域特色和独具一格的民族特色，且不同资源间相辅相成，蕴藏着巨大的开发潜力，对促进文化产业发展、增强地区综合实力具有重要的意义。

三、地理区位优势

内蒙古自治区作为我国北疆和向北开放的桥头堡，区位优势极为明显。内蒙古自治区与8个省区相邻，北靠东北老工业基地，东接环渤海经济区，西有呼包银榆经济区，拥有19个对外开放口岸、2个对北开放的重要国门，与蒙古国、俄罗斯、东欧等国家文化联系渊源深厚，对韩国、日本等东亚国家具有较高的文化吸引力。内蒙古自治区发挥着承东启西的作用，既与东中部地区形成比较紧密的经济技术合作关系，又与西部地区构成密不可分的经济发展整体。内蒙古自治区实施全力打造沿黄河、沿交通干线经济带发展战略，逐步培育成为国家新的经济增长极。这些战略举措发挥了集聚文化产业要素的效应。按照习近平总书记"把祖国北部边疆这道风景线打造得更加亮丽"的要求，内蒙古自治区将在我国向北开放中发挥更加积极的作用，发展文化产业的独特优势，为文化产业内引外联和转移承接夯实基础，为文化产业提供广阔的国内外市场空间。

四、巨大的市场消费潜力

市场引导与消费需求是文化产业发展的内在动为。国际经验表明，一个地区的人均国内生产总值（GDP）达到1000美元时，人们对于文化的消费需求会迅速增加；当达到3000美元时，人们对于文化的消费需求会持续增加；而达到5000美元时，人们对于文化的消费需求呈现出倍增态势。据统计，内蒙古自治区GDP由2010年的1.17万亿元增至2015年的1.8万亿元，年均增长10%；人均GDP由2010年的7070美元增加到2015年的1.5万美元，达到了与发达国家相近的文化消费井喷临界点，具有较强的文化消费潜力，这为文化产业发展提供了坚实的经济基础。

内蒙古自治区在经济高速发展的同时，也极为注重对生态环境的保护，草原生态环境不断好转。和谐发展的社会氛围、繁荣强盛的经济实力、良好的生态环境为内蒙古自治区文化产业的蓬勃发展奠定了良好的基础。近年来，各盟市开展了一系列具有浓郁地区特色的文化节庆活动，如呼和浩特昭君文化节、包头鹿城文化艺术节、鄂尔多斯国际那达慕大会、赤峰红山文化节、巴彦淖尔河套文化艺术节、阿拉善胡杨生态旅游节、锡林郭勒元上都文化节、通辽科尔沁艺术节、呼伦贝尔冰雪那达慕、满洲里的中俄蒙国际旅游节，成为各盟市文化产业发展的重要平台和抓手，在有力带动本地区文化产业发展的同时，也促进了内蒙古自治区文化产业的整体快速发展和提升。

五、国际间人文交流合作密切

2013年，随着国家"一带一路"倡议的有效推进，中俄、中蒙的双边贸易额分别达到892亿美元和60亿美元。2014年全区口岸进出境货运量为7085.7万吨，同比增长4.2%，进出境客运量为467.6万人次，同比增长2.9%。[①]人文交流不断深化，初步形成了文化、人文交流大平台。蒙古国有多所大、中、小学校开设汉语课程，有几千名学生来我国留学。随着两国间战略伙伴关系的升温和交通运输体系的完善，国际旅游合作得到进一步加强。日益繁荣的国际合作与交流为内蒙古自治区文化产业提供了国际范围的要素流动与市场拓展。

第三节　内蒙古文化产业发展成就

内蒙古文化产业发展态势良好。以"十二五"期间为例，2015年，内蒙古文化产业从业人员达23.19万人，"文化圈"的从业人数高于金融业、房地产、交通运输以及仓储等行业的就业人数，文化领域正在成为"双创"中活跃的领域之一。[②]

---

① 梅园.内蒙古文化产业发展战略研究［D］.呼和浩特：内蒙古大学，2015.
② 跨越式发展迎来文化产业的春天［N］.内蒙古日报，2016-07-04（5）.

一、文化产业发展保持快速增长势头

文化产业占消费比重和对经济增长的贡献率不断提升，尤其是作为第三产业支柱的旅游文化产业在产业结构中不断增强，使内蒙古文化产业的发展成为全区经济影响力和消费增长力水平提升的新极点。2015年，首届中蒙博览会的成功举办，为内蒙古文化"走出去"开创了更大的市场空间。此外，元上都民族文化产业园升级为2015年度"丝绸之路"文化产业重点项目，大召文化产业群落项目成功申报为国家文化产业示范基地，也为内蒙古文化产业发展提供了优良的契机，为文化创造了更好的投资机遇。

2015年全区文化产业实现增加值431亿元，比2010年的143.6亿元增加了287.4亿元，增长200.14%；占全区GDP比重为2.4%，比2010年的1.43%提高了0.97%；占全区第三产业增加值的6%，文化产业对国民经济的贡献率比重逐年增加。从文化产业年增加值占GDP比重来看，2011—2015年，内蒙古文化产业增加值在地区生产总值中的比重稳步提高（如图4-1所示），对国民经济的贡献率持续攀升，文化产业已成为全区经济转型升级、实现跨越式发展的重要引擎。

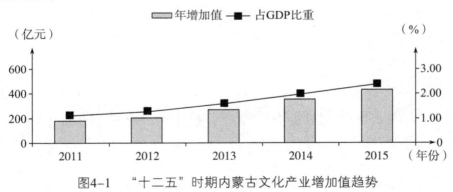

图4-1　　"十二五"时期内蒙古文化产业增加值趋势

二、民族艺术创作成绩斐然

内蒙古相继推出了多部彰显社会主义核心价值和草原文化核心理念的优秀剧目，话剧《国家的孩子》《小村总理》，二人台剧《花落花开》《北梁》，舞剧《草原记忆》等成为常演不衰的保留剧目。整合资源，集中打造了《情动满洲里——梦幻之旅》杂技音舞秀、大型马文化全景式综艺剧目《千古马颂》

等优秀驻场剧目，推动文艺演出与旅游市场的对接融合。

一批优秀剧（节）目在国家各类演出比赛中频频获奖，如《草原记忆》等3部剧入选国家舞台艺术精品工程资助剧目；《呼伦贝尔大雪原》《草原记忆》参加第四届全国少数民族文艺会演，分别获得剧目金奖、创作金奖；《国家的孩子》《拓跋鲜卑》荣获中宣部"五个一工程"奖；《呼伦贝尔大雪原》《花落花开》分别荣获第十四届文华奖优秀剧目奖和剧目奖。内蒙古民族艺术剧院的《我的贝勒格人生》等24个项目获得2014年度、2015年度国家艺术基金资助。

2012年以来，内蒙古民族歌舞剧院的无伴奏合唱团以及《呼伦贝尔大雪原》《鄂尔多斯婚礼》等一批剧（节）目在全国巡演，探索了内蒙古艺术团与国内有影响的演出院线联合市场化运作共赢的新模式。积极探索驻场演出新模式，《千古马颂》开创了内蒙古舞台艺术与马文化相结合的演出形式，舞剧《马可·波罗传奇》在美国布兰森市白宫剧院驻场演出330多场。

2015年，全区艺术表演团体从业人员为7578人，比2010年的5939人增加了1639人，增长27.6%；全年演出收入为7234万元，比2010年的3434万元增加了3800万元，增长110.66%；演出场次为3.91万场，比2010年的1.98万场增加了1.93万场，增长97.5%；服务群众为1123万人，比2010年的1623.2万人少了500.2万人，下降30.82%。

三、对外文化交流加强

内蒙古地处祖国边疆，在"一带一路"倡议背景下，具有开拓国际市场的地缘优势。内蒙古努力开拓文化产品和服务的国际市场，推动文化产业发展与供给侧结构性改革，推动文化交流传播，推动与"一带一路"沿线国家全方位合作。

近年来，内蒙古自治区与马耳他、毛里求斯等的海外文化中心进行年度大规模合作，在马耳他、俄罗斯、毛里求斯、澳大利亚、丹麦等国举办了"内蒙古文化周"，在蒙古国开展了演出、培训、展览等活动。在中国香港、中国澳门、中国台湾分别举办了"香港·内蒙古经贸文化周""根与魂——非物质文化遗产展演""台湾经贸旅游文化周"等大规模文化交流。

按照"向北开发"的发展战略，推进与俄罗斯、蒙古国的文化交流工作。内蒙古自治区人民政府制定了《关于进一步加强与俄罗斯和蒙古国进行文化交流的意见》，旨在建立内蒙古自治区与俄罗斯、蒙古国的文化交流长效机制，打造中蒙俄文化交流品牌，推进中蒙俄文化交流与合作。

演艺、动漫、民族工艺品等文化产品逐步健全，规模不断扩大，贸易日益频繁。紧紧抓住民族和地域特色来安排和谋划各项活动，精心选择了具有浓郁特色的节目如民族歌舞、杂技、非物质文化遗产展示、讲座、培训等赴外交流，派出了内蒙古优秀的民族艺术家、文化界知名人士，展示了独特的民俗风情及草原文化，引起了强烈反响，受到广泛好评。

四、博物馆事业取得蓬勃发展

"十二五"期间全区博物馆馆藏藏品、每万人拥有博物馆面积等指标相对于"十一五"有了长足的进步。2015年，全区文物藏品为57.2万件，比2010年的46万件增加了11.2万件；2015年，全区每万人拥有博物馆面积为230.9平方米，比2010年的130.66平方米增加了100.24平方米；2015年，接待观众为1231.86万人，其中，未成年人为315.76万人，分别比2010年增加了582.36万人和132.46万人。2015年，全区有各类文物机构183个，比2010年增加了40个；从业人员为2252人，比2010年增加了306人。

五、文化遗产保护性开发成绩显著

元上都遗址成功申报为世界文化遗产，实现了内蒙古世界文化遗产零的突破。红山文化遗址群、辽代上京城与祖陵遗址、阴山岩刻遗址群被列入中国世界文化遗产预备名单。内蒙古自治区重点与辽宁省开展了红山文化申遗对接，赤峰市与朝阳市签署了联合申遗协议，成吉思汗陵、元上都遗址、呼和浩特市将军衙署、乌兰夫故居、内蒙古抗日战争建筑遗址等得到了重点保护和维修，中东铁路等20世纪工业遗产被列入国家重点文物保护工程，辽上京遗址、萨拉乌苏文化遗址进入国家第二批考古遗址公园立项名单。

2015年，全区有不可移动文物21673处，比2010的21000处增加了673处；2015年，全区有国家重点文物保护单位141处，比2010年的79处增加了62处

（见表4-1）。成立了马背文物保护队、边境地区"草原神鹰"文物保护组织，民族文化遗产保护工作取得长足进步。开展并圆满完成了全区长城资源调查工作，确定全区长城总长度为7570千米，居全国第一位。

表4-1　2010—2015年全区民族文化遗产保护工作情况

项目	2010年	2011年	2012年	2013年	2014年	2015年
不可移动文物/处	21000	21099	21099	21099	21099	21673
国家重点文物保护单位/个	79	79	79	79	141	141

2015年，全区有国家级非物质文化遗产78项，比2010年的63项增加了15项；2015年，全区有国家级非物质文化遗产传承人37人，比2010年的25人多了12人（见表4-2）。

表4-2　2010—2015年全区非物质文化遗产保护工作情况

项目	2010年	2011年	2012年	2013年	2014年	2015年
世界级非物质文化遗产/项	2	2	2	2	2	2
国家级非物质分化遗产/项	63	63	63	63	78	78
国家级非物质文化传承人/人	25	25	42	42	42	37

坚持"保护为主、抢救第一、合理利用、传承发展"的方针，全面推进非物质文化遗产保护。扩大非遗普查成果。编撰出版了《内蒙古自治区非物质文化遗产普查手册》《内蒙古自治区非物质文化遗产·普查试点集》。按照以点带面、全面推进、有序进行的思路，在全区开展了更为深入的调查，在完成鄂托克旗普查试点工作的基础上，又选取阿巴嘎旗、科右中旗、鄂伦春旗等非遗资源丰富地区开展普查。非遗名录体系和保护机制日趋完善。深入开展普查、整理、研究工作，逐步建立了各级非遗数据库，从世界级到苏木乡镇6级名录体系基本形成。内蒙古自治区第一个非物质文化遗产展示馆——呼和浩特市非物质文化遗产展示馆已对公众开放。

推动各级非遗名录项目代表性传承人认定、命名和保护工作。推动抢救性保护工作。启动"双百工程",对濒危状态的100个项目和100个传承人进行抢救性保护,以文字、录音、录像、照相、多媒体呈现等手段,全面、真实地记录,建立档案和数据库。开展了内蒙古文化艺术长廊建设计划、非遗代表性传承人技艺技能抢救项目制作,目前完成了"包山羊制作技艺""马鞍制作技艺""查干伊德制作技艺"等十多个项目的文字与声像资料的编辑、整理工作;推出了《内蒙古蒙古族传统服饰典型样式》等一批非遗研究成果。

六、公共文化设施建设稳步推进

2015年,全区每万人拥有公共文化设施面积为744.7平方米,比2010年增加302.3平方米,增长了68.33%;每万人拥有公共图书馆面积为138.52平方米,比2010年增加48.22平方米,增长了53.40%;每万人拥有群众文化设施面积为301平方米,比2010年增加了118.44平方米,增长了64.88%(如图4-2所示)。

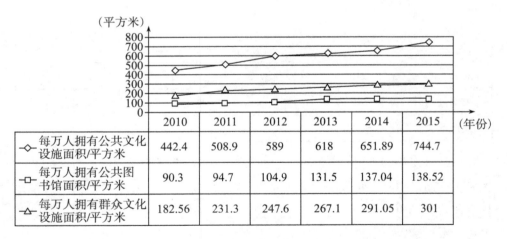

（平方米）	2010	2011	2012	2013	2014	2015
每万人拥有公共文化设施面积/平方米	442.4	508.9	589	618	651.89	744.7
每万人拥有公共图书馆面积/平方米	90.3	94.7	104.9	131.5	137.04	138.52
每万人拥有群众文化设施面积/平方米	182.56	231.3	247.6	267.1	291.05	301

图4-2 "十二五"期间全区每万人拥有公共文化设施的情况

第五章

内蒙古文化产业发展存在的问题及对策

第一节 内蒙古文化产业发展存在的主要问题

内蒙古文化产业是随着社会主义经济体制改革目标的确立和国家大力推进第三产业的发展而发展起来的。但是，目前内蒙古文化产业的发展还很不充分，发展的步伐不快，文化资源尚未得到充分、有效的利用；文化产业总量及规模偏小，产业结构和产品结构不合理；产品科技含量低；产业组织形式尚处于小规模、分散化状态，缺乏竞争力；国有文化企事业单位改革滞后，缺乏生机和活力。此外，内蒙古文化产业市场主体过分注重近期和微观利益，加之法制不健全，制度不完善，自治区人民政府对文化产业的政策滞后等，使内蒙古文化产业营销客观上面临不少障碍。在市场化进程中，由于内蒙古经济发展相对落后，艺术市场低迷，艺术创作无序，产品低档化趋势明显，有些作品粗俗、平庸。

一、文化产业增加值占GDP比重偏低

同国内文化产业发展大省相比，内蒙古自治区文化产业基础还比较薄弱，差距较为明显。2015年内蒙古自治区文化产业增加值占全区GDP的比重为2.42%，比全国平均比重低近1.55%，远远低于发达地区，如北京、上海、广东。

二、文化产业结构尚需优化

全区文化产业结构不合理。从类型分布看，文化产品制造业占比偏低。2015年，全区文化制造业单位数为592个，营业收入为117.6亿元，占文化产

业法人单位的比重分别为5.0%和18.9%。从单位规模看，规模以上单位占比偏低。2015年，全区共有规模以上文化产业企业法人单位229个，营业收入为179.5亿元，分别占全区经营性文化产业企业的2.7%和28.8%，而全国2015年规模以上单位数占比已达5.1%。从区域看，地区发展不均衡。文化产业法人单位主要集中在呼和浩特市和包头市，这表明在文化底蕴丰富的地区聚集程度较高，欠发达地区文化产业发展仍然落后。

三、文化企业规模不足

2015年，全区规模以下文化企业为8138个，资产为1050.37亿元，分别占全区文化经营性法人企业的97.3%和76.0%。可见小文化企业多，而且每个文化企业的平均从业人员为18人，规模较小，企业实力不强，企业研发不活跃，文化与科技融合度不高。

四、文化消费意识有待加强

2015年，全区城镇常住居民平均每人用于文化娱乐用品及服务的消费支出为1241元，占城镇常住居民人均生活消费支出的5.7%；农村常住居民人均文化娱乐用品及服务支出为245元，占农村常住居民人均生活消费支出的2.4%，均低于同期全国大部分省市。城乡居民文化娱乐消费支出之比为5.07：1，文化娱乐用品和文化娱乐服务消费不足，特别是农村居民人均文化娱乐消费支出不足，导致全区文化休闲娱乐服务行业发展速度较慢。

五、当前发展文化产业的几个问题

（一）进一步转变思想观念

过去，文化行业是生产性部门，文化没有经济价值，因而文化行业只能花钱，而且是由国家花钱。文化行业不能赚钱，不能成为产业，这种观念应该改变。随着20世纪高新技术发展，艺术品可以大批量地生产和复制，可以通过现代的传播技术在全世界迅速传播，同时可以运用现代经济管理方式和组织方式，通过市场交换，实现自身的价值。因而，文化产业迅速发展已经成为一种世界潮流。

（二）内蒙古的文化资源需进行全面的调查和价值评估

保护现有的文化遗产是一项十分紧迫的任务。随着社会主义现代化建设的深入，经济建设在各个地区全面展开。我国政府制定的西部大开发战略更是加速了内蒙古地区的建设步伐。在这样的形势中，内蒙古存留的古代文明的成果（如古城、古塔、古寺、古长城），受到国内外重视的文化成果（如蒙古学、戏曲、民歌、音乐、舞蹈），具有民族特色和地区特色的传统礼仪、风俗、工艺品、食品等，都显现出值得传承的价值，都将在经济建设中发挥作用。同时，我们也应当看到，因保护不当而被破坏和失传的文明成果也有不少。如果要下决心保护重要的文明成果，就应当组织相关部门，对内蒙古从古至今有特色的文明成果进行普查、归类、定级，按照国家的保护法规，拨发保护经费，明确相关职责。这是我们建设文化大区的基础性工作。

要想稳妥开发，关键是要有领导、有计划，不能一哄而上，更不能滥竽充数。建设文化大区，需要开发的内容很多。凡是能够真实地展示草原文明的内容都在开发的范围内。近些年来，随着旅游业的兴起，各地都在挖掘能够吸引中外游客的内容，但大多是出于商业目的，为了招商引资而铺开摊子，为经济目的而"炒作"。实际上，这样的"开发"，或许会取得一定的经济效益，但这种效益往往是短暂的，从长远来看，其负面作用很大。这种开发不是在弘扬草原文明，而是在某种程度上践踏和破坏草原文明。这就需要我们在开发中注意稳妥性、真实性、科学性。要在自治区党政部门的领导下，组织各个部门的专家、学者，对应当开发的项目进行科学地、详尽地论证，最大限度地保证被开发内容的真实性、可靠性，避免因急功近利造成难以弥补的损失，甚至造成不良的国际影响。

整理和研究草原文明的各项成果，是一项艰苦、长期的任务，尤其要注意基础研究和基础教育的不可替代的作用。社会科学研究机构和大专院校在这方面肩负着义不容辞的责任。应用研究离不开基础研究，基础研究为应用奠定基础。目前，基础研究面临许多困难。经费短缺、人员断档以及片面地理解基础研究与应用之间的关系，都削弱了基础研究。当我们听到那些令人哭笑不得的导游词时，当我们看到那些被装点得不伦不类的旅游景点时，怎能不想到基础研究、基础教育对提高人们文化素质的重要性。可见，弘扬多民族特色的草原文明，推动民族文化大区建设，就要注重基础研究和理论总结。可以肯定地说，失去了基础研究，就失去了传承草原文明的根基。要真正做好这方面的工作，就要建立一支有真才实学、甘于寂寞、勇于奉献、素质高的队伍。要有计划地确定并实实在在地支持一些与民族文化大区建设有关的重大课题的研究，出版一批高水平的、真实可靠的、普及性强的、全面论证和介绍草原文明的图书。在这个问题上，关键是舍得投入相应的经费，提供和创立有影响的"阵地"。充分发挥社会科学研究部门的作用，使学者们能够在民族文化大区的建设中做主角。也许有人会说，基础研究的作用在实践中不如应用的作用实现得快。这是一种偏见，也是地道的"外行"思维。目前，至少内蒙古社会科学界的许多基础研究的可靠成果是经过长时间研究而取得的，有许多还得到了学术界的公认，能在建设民族文化大区的实践中直接发挥其科学的指导作用。从哲学角度讲，慢与快是对立的统一。在宣传、弘扬草原文明的问题上，既不能等，又不能急于求成，应当紧跟小康建设的步伐，从内蒙古地区的实际出发，在发展中做好每一项工作。

应当肯定，我们所进行的弘扬多民族特色的草原文明的工作，是与建设物质文明、政治文明、精神文明的任务完全一致的。而且，这项工作也是在传承、创造和推进草原文明。很多资源不经过专家的评估和界定，其价值很难被人们了解。同时，要对国际文化产业和文化市场进行调查研究。

（三）创建适应社会主义市场经济需求的文化产业经营体制和经营组织

要在市场竞争的基础上形成若干强大的有可能抗击境外文化资本冲击的文化产业集团。但是，要防止文化市场的行政性垄断，因为这种行政性垄断排斥市场的平等竞争，带有很浓的计划经济的色彩，不利于抗击境外文化资本的冲击。

（四）组织力量研究如何把高科技引入文化产业

开发新的产品，加大文化产品的高科技含量，文化产业在这方面有极大的发展空间。

（五）实施发展文化产业的人才工程

因为现在文化产业的人才危机已经十分明显，人才短缺成了制约内蒙古文化产业发展的瓶颈，所以，要尽快实施发展文化产业的人才工程，开设各种培训班，大批量培养各种层次文化产业专家和经营管理人才，包括具有较高文化素质的旅游产业所需要的人才。

六、内蒙古文化产业发展的生态、资源障碍

人类的物质生产活动必须遵循生态平衡原则，实现经济与环境的协调发展。选择可持续发展的经营战略，在经营活动的各个层次、各个方面采用新的经营模式，使追求经济效益、社会效益和环境效益达到统一。在这样的大环境中，内蒙古企业应积极面对挑战，充分利用其绿色资源优势，实现从传统营销向绿色营销的转变，实现绿色资源优势向经济优势、竞争优势的转变，最终实现内蒙古的可持续发展。

内蒙古有得天独厚的资源优势，近年来，加快了资源开发利用的速度，有力地促进了经济的发展和社会的进步。但随之也带来了部分地区资源和环境的破坏，这种破坏直接影响到内蒙古文化产业营销中绿色环境（包括绿色生产环境和绿色消费环境）的营造。当前，内蒙古文化产业营销的生态资源障碍突出地表现为生态问题。

（一）生态问题

1. 土地利用粗放，土壤贫瘠，退化严重

内蒙古的农田环境基础十分薄弱，贫瘠土壤的比例很高。由于多年来内蒙古土地资源利用方式粗放，缺乏养地的科学方法和制度，大部分农田的土壤盐渍化有所加剧。目前，耕地中有上千万亩盐渍地。盲目开垦造成了几千万亩不宜农耕地被闲置，急需退垦还草还林。

由于内蒙古土地资源构成与所处自然环境限制以及开发利用不合理，土地盐渍化、水土流失、荒漠化非常严重。由于农田基础设施和排灌系统不配套、大水漫灌、滥垦等，次生盐渍化情况也比较普遍。另外，由于过度放牧、盲目开垦，土地存在着严重的水土流失，相应地区农业生产水平低下，生态环境恶化。内蒙古沙漠化土地分布广，危害大。由于内蒙古气候干旱、降水不足、过度放牧、盲目开垦及鼠害等，全区草原退化严重。如果不解决草原退化问题，"风吹草低见牛羊"的景象将永远不复存在，"绿色草原"这一品牌也将失去竞争优势。

2. 森林资源锐减，林区植被遭破坏，引发许多环境问题

长期以来，内蒙古由于缺乏"生态与经济统一"的指导思想，对森林的生态效益重视不够，重采轻管，使年采伐量大大超过了年生长量，林木资源锐减。在林区开荒、放牧、开矿、筑路等一系列活动也严重破坏了林区植被，进而导致气候失调、干旱多风、土壤蓄水能力下降、水土流失严重、洪涝灾害频繁发生。

3. 水资源短缺

近年来，内蒙古工农业及居民生活用水增加，而内蒙古河流的水量又存在季节性变化，枯丰悬殊，使得地下水被超量开采，造成地下水位不断降低，出现"漏斗"现象，同时，对水资源利用效益低下，水污染严重，进一步加剧了水资源的短缺。

4. 生物危机

内蒙古具有森林、草原、湖泊、沙漠等不同的生态环境类型，是许多野生动物繁衍的地方。但是由于经济建设与资源开发利用，许多野生动植物的生存环境被破坏，再加上人类乱捕乱猎、无节制地采伐，部分野生动植物濒临灭绝。

（二）环境污染问题

1. 大气污染

内蒙古能源结构以煤为主。工业生产和居民生活取暖烧煤所排放的废气、在各种生产过程中所排放的工业废气和粉尘、机动车尾气是造成大气污染的主要原因。全区工业废气排放量高于全国平均工业废气排放水平。

2. 水污染

内蒙古段的黄河干支流、西辽河干支流、永定河支流的大部分监测面段属于重度污染水体。流经城市的河流的污染更为严重。地表水污染的主要来源是工业废水、生活垃圾。内蒙古的地下水也普遍遭受污染，尤以城市地下水最为严重。

3. 农药及白色污染

内蒙古农田的农药污染比较严重，残留的农药对土壤及地下水造成污染。另外，残留于土壤中的农膜和生活垃圾中的塑料袋不易腐烂、降解，造成白色污染。

（三）文化资源人为破坏和自然损坏严重

内蒙古是一个文化资源非常丰富的资源大区。长期以来，由于对文化资源的认识不到位、缺乏严格管理、资金投入不足等，一些极具价值的文化资源被破坏。有些重要的文化资源由于防范措施不力、设备简陋，自然损坏严重。许多民间文化长期得不到抢救、挖掘，已失传。

七、内蒙古文化产业发展的经济障碍

目前，内蒙古的经济发展状况严重制约着文化产业的发展。

（一）经济发展水平相对落后，产业结构不太合理

改革开放以来，内蒙古的经济同全国其他地区一样取得了显著的成就，但经济发展水平相对落后，同沿海发达地区相比，差距很大。这种状况不利于文化产业的发展。

内蒙古的产业结构不太合理，第三产业的比重仍偏低。内蒙古的工农业产品结构不合理，对生态环境污染较大的高投入、高能耗、低产出、低质量的产品（如化纤产品、纸制品）所占比重还较大，而污染相对较小的绿色产品的比重尚显不足，这种状况极大地阻碍了内蒙古绿色营销的发展。

（二）文化产业和文化事业投资不足

投资是文化产业的推动力，没有投资就没有文化产业的形成。在实际经济生活中，真正与文化营销直接相关的投资只占很小的比例。目前，内蒙古的文化投资仍以政府为主体，而企业和个人的投资比例甚小，这与西方国家在经济活动中以企业与个人投资为主的形式形成了反差，从而显现出了它的主要缺陷：① 投资效率低，受权力意志影响大，文化产品的开发、文化营销和文化产品消费等不能顺其规律演进、变化；② 投资结构和方向不尽合理，又缺乏有效的管理和政策机制；③ 现有的文化设施运转率普遍较低，浪费了投资，也增大了进一步筹措资金的困难；④ 全区企业普遍对投资文化产业认识不足。

八、技术、人才障碍

目前内蒙古文化产品在技术创新上存在诸多不利，主要表现如下：科技经费投入不足；缺少与科技发达的国家和地区在文化产品技术上的合作与交流；

内蒙古地处内陆，信息相对闭塞，开放程度不够；内蒙古与东部沿海地区不但存在经济技术实力上的差距，而且存在人才上的差距。内蒙古实施人才开发要比经济开发更迫切。国内外很多事实说明，一个国家和地区并不是具有了资源就能发展，实现高速发展依靠的是高素质人才。经济开发实质就是人才开发。理论上说，越贫穷落后的地方越需要人才，而实际上却存在着排斥人才的现象。内蒙古"孔雀东南飞"的现象说明人才流失严重，这种人才流失深层次的原因在于社会性动因和个体性动因的矛盾运动，在于东西部差距的拉大，在于缺乏对人才的优惠政策、对人才培养和引进的举措。当然，目前内蒙古总体经济环境和社会文化环境对人才缺乏吸引力也是人才流失的一个重要原因。

九、宏观管理障碍

内蒙古作为一个偏远落后省区，在基础薄弱的条件下，要想迅速培育、发展文化产业，需要企业的努力，更需要政府部门的宏观管理、监督指导及政策、资金上的扶持。但是，很显然，与经济、文化水平较发达地区相比，内蒙古文化产业的进一步发展还有很长的路要走。

第二节　内蒙古文化产业发展面临的机遇与挑战

一、内蒙古文化产业面临的机遇

（一）强化文化产业发展的扶持力度

为适应文化产业快速发展的态势，内蒙古自治区相继出台了《关于进一步促进文化产业发展的若干政策意见》《内蒙古自治区文化产业示范基地评审命名管理办法》《内蒙古自治区文化产业中长期发展规划》等政策。为了进一步推进文化与旅游融合发展，内蒙古自治区文化厅出台了《关于进一步促进文化与旅游融合发展的指导意见》，融合发展将成为推动文化产业转型升级、提质增效的主要方向，文化领域改革发展将进一步强化融合、跨界、转型、包容的发展理念。

针对文化企业融资困难以及文化产业的社会效益问题，内蒙古自治区设立了文化产业发展专项资金，从2013年起，内蒙古自治区财政每年拨付3亿元，到2015年达到5亿元，重点扶持文艺演出、文化创意、文化旅游、文化会展、动漫等有发展前景的特色项目，引导产业结构调整和优化。内蒙古自治区分别于2014年、2015年举办了两届文化与旅游融合发展系列主题活动，成功签约49个项目，项目总投资约798.67亿元。这些项目涉及驻场演出、创意工艺品制作生产、旅游项目开发、文化产业园区建设等领域。这些签约项目的转化落地，对提升内蒙古自治区的文化旅游整体水平、延伸产业链、促进文化与旅游融合发展具有十分重要的意义。按照大众创业、万众创新的要求，第二届内蒙古自治区工艺美术创新作品大赛于2015年成功举办，共有209家企业的209件精美文化创新产品参加了评奖活动。

（二）规范文化市场体系

在2009年统一规范文化市场行政审批文书的基础上，从2011年开始，对网吧、电子游戏经营场所的审批实行总量规划和审批备案制度，对全区网吧和电子游戏经营场所进行了重新审核登记和统一编号。2015年，全区文化、新闻出版、广电系统共有6419家文化市场经营单位，文化部门监管的占75%，其中网吧3508家，网络文化经营单位2家，演出经纪机构和民营演出团体78家，歌舞娱乐场所2677家。近年来，内蒙古文化市场经营场所数量变化不大，但经营规模、档次、规范化程度等较之前有了根本性改观。

（三）公共文化事业发展为文化产业夯实了基础

文化产业的发展依赖于文化消费市场的扩大。文化消费市场的扩大取决于两个因素：有效文化供给与人民群众审美能力提升。后者以公共文化基础设施建设与完善为基础，换言之，文化事业发展为文化产业发展奠定基础。近些年，内蒙古自治区公共文化事业建设取得长足进步，这为内蒙古自治区文化产业快速发展夯实了基础。

借助国家推出的免费开放政策，内蒙古自治区各类文化场馆实现无障碍、"零门槛"进入，并增加服务项目，创新服务形式，提升服务水平。2015年，全区文化部门管理的84家博物馆全年举办陈列展览455个，年接待观众1150万人次，观众量比免费开放前增长一倍以上，特别是未成年人、低收入人群、农民工、老年人群体大幅提高。1179个"三馆一站"（图书馆、文化馆、美术馆和文化站）全部免费开放，有的延长开馆时间，有的错时开放。

针对内蒙古自治区边牧地区群众居住分散、远离城镇、几乎无法获取网络信息的状况，2012年，实施了"数字文化走进蒙古包"工程，利用科技手段为农、牧民提供全天候的公共数字文化服务，打通服务群众的"最后一公里"。

鄂尔多斯市、包头市分别被列入国家首批和第二批公共文化服务示范区。乌海市的"书法五进"以及兴安盟乌兰浩特市的"少数民族地区公共文化供给机制"成为国家第二批公共文化示范项目，推动了公共文化服务体系建设的全面提档升级。开展社会文化"评先创优"活动，推出一批实绩突出的图书馆、文化馆、文化站、民间剧团、文化户（大院）、文化广场、文化先进社区，开展文化站评估定级。

发放公益演出场次补贴、配备下乡演出流动舞台车、解决下乡交通工具等措施，促使优秀作品走向基层、走向市场，与观众见面。先后组织开展了"百团千场"下基层慰问演出、高雅艺术进校园、优秀剧（节）目全区巡演等活动。将民间文化团体纳入公共文化服务体系，在资金、政策、设备等方面给予支持，大力扶持文化大院、文化户、传习所、民办博物馆、民办剧团、锣鼓队、秧歌队、老年合唱团的发展。乌审旗有文化"独贵龙"、农牧民艺术团等民间文化组织。包头市土默特右旗、九原区农民自办的文化大院成为当地基层文化活动的主要形式。各地结合当地文化特色，每年举办具有导向性、示范性的群众性文化活动，全区从东到西，文化活动长年不断，形成特色化、品牌化、规模化的节庆文化活动。开展民间艺术之乡评审推荐工作，呼伦贝尔市鄂伦春自治旗等9个地区被文化部命名为2014—2016年度中国民间艺术之乡。

（四）大数据成为驱动文化产业的核心动力之一

文化产业具有高附加值和高科技含量的特征，其所依托的技术始终是产业发展的深层次驱动因素。从某种意义上来说，文化产业的形态是由科学技术的样式塑造的。当然，技术对文化产业有推动作用，并不取代文化创意，技术变为文化科技。文化科技的政策术语和业界概念并不是一次崭新的历史性出场，而是具有历史的必然脉络和发展轨迹。[①]当下，文化产业快速发展的科技因素主要是互联网技术和数字技术。内蒙古互联网与文化产业融合，涌现出不少敢于尝试的中小文化企业，同时大型文化企业内部也对运营模式和创新水平不断升级。这主要源于两个方面的因素：一是政治制度的保障。2015年，内蒙古自治区人民政府印发了《关于加快推进"互联网+"工作的指导意见》，首次确立了"互联网+文化产业"的新型文化产业发展模式。该文件主要从传统媒体和新媒体的融合发展、旅游在线服务模式创新、文化产品服务数字化以及全面推进"三网"融合对内蒙古互联网文化产业做出了整体的规划，并提出了"到2020年，新型业态占文化产业增加值比重进一步提高"的整体改革目标。二是业界对融合和转型的渴望。随着第二届内蒙古互联网产业大会和内蒙古首届移动互联网峰会的召开，内蒙古互联网与传统产业融合发展成为业界讨论的焦点，文化企业与文化园区渴望建立一套依托互联网扩大文化创意产品的宣传效果和市场影响力的长效发展机制。第十二届内蒙古草原文化节活动项目之一——草原文化与创意产业展特别设立"互联网+文化创意"展区，为寻求文化与金融合作、文化产品投资、新媒体融合等方面的文化企业提供交流合作机会。参展的企业和业内人士都表示，希望把优秀的草原文化与互联网结合，创造更深层次的产业经济模式，让文化产业成为内蒙古经济新的腾飞点。

两种因素相互激荡，使产业结构发生改变。虽然从产业结构上看，内蒙古互联网与文化产业的相互融合还处于起步阶段，大部分文化企业处于试水阶段，产业融合和创新还只是个别企业的尝试，加之发展速度慢于全国平均水平，最终实现产业的经济生态价值还需要很长的时间，但内蒙古文化产业的转型升级的确迈出了重要的一步。

（五）中蒙俄经济走廊建设推动文化产业国际化

中蒙俄经济走廊实质上是以区域全面合作为基础，以贸易、投资、产业合作为主导，建立辐射交通沿线带的优势产业群、城镇体系，发展边境经济，最终实现生产要素在区域内有序流动的一种区域经济合作架构。这一国家层面战略的制定与实施为内蒙古文化产业发展带来历史机遇。

---

① 向勇. 文化产业导论［M］. 北京：北京大学出版社，2015.

一是有助于提升文化产业价值链。美国战略学家波特指出，企业产品和服务由设计、生产、销售、售后等活动集合而成，这些互不相同但又相互关联的生产经营活动构成了一个创造价值的动态过程，即价值链。①之后，人们逐步将价值链视角延伸至产业层面，形成产业价值链理念。文化产业价值链实际上就是将相关文化产业作为微观基础，将文化创意贯穿其中，并进行一定的加工与增值活动，最终将文化产品让渡给消费者。②这个过程与人才、技术、资本等核心生产要素密不可分。中蒙俄经济走廊是区域合作与交流的平台，有助于实现生产要素的有序流动，为内蒙古文化产业发展急需的人才输送、资金筹措提供渠道。从这个意义上讲，中蒙俄经济走廊建设为内蒙古文化产业发展提供了生产要素保障。

二是有利于扩大文化消费市场。从文化消费视角看，建设中蒙俄经济走廊极大地拓展了内蒙古文化产品和服务的消费市场。文化消费是文化产业可持续发展的基础，没有体量庞大的文化消费市场，文化产业也不能被称为真正意义上的产业，充其量仅是文化事业。文化产业发展高度依赖文化消费，不但可以从"投资、消费和出口被视为拉动经济增长的'三驾马车'，对于文化产业亦是如此③"的论断中得以佐证，而且从供给侧结构性改革视角来看亦大致如此。当前我国文化产业在产品结构、产业结构与技术结构等方面的问题十分突出，改革的目的在于通过技术创新、培育骨干企业、激活要素市场等途径优化产品结构、产业结构与技术结构，为群众提供多样化、个性化的文化产品与服务，扩大文化消费市场，促进文化产业可持续发展。内蒙古城乡居民用于文化娱乐的人均消费支出低于全国平均水平。如何扩大文化消费市场以支撑文化产业可持续发展是当前内蒙古文化产业发展亟待解决的问题。中蒙俄经济走廊的建设为内蒙古文化产品和服务走出国门、走向蒙古国和俄罗斯奠定了基础。换

---

① CORTS K. The strategic effects of vertical market structure：common agency and divisionalizationin in the U.S. motion picture industry [J]. Journal of economics & management strategy，2001，10（4）：509-528.

② 郭新茹，顾江. 基于价值链视角的文化产业赢利模式探析[J]. 现代经济探讨，2009（10）：38-42.

③ 高书生. 冲刺支柱性产业，文化产业短板在哪儿 [N]. 光明日报，2015-12-17（13）.

言之，借助于中蒙俄经济走廊，使内蒙古文化产品和服务扩大出口增量，达到区域文化消费市场带动文化产业发展的目的。

二、内蒙古文化产业面临的挑战

（一）经费投入不足

党的十七届六中全会提出要"保证公共财政对文化建设投入的增长幅度高于财政经常性收入增长幅度，提高文化支出占财政支出比例"。根据文化部统计口径，2011—2015年，文化投入占财政支出的比重平均为0.72%，比2001—2009年每年文化投入占财政支出的平均比重还低。

全区文化文物事业费投入占财政支出比例较低。大部分盟市文化部门年初预算尚没有列入专项或项目不多，且资金太少，旗、县、乡、镇的类似问题更为突出。

各地文化部门年初预算经费基本都是人头经费，业务专项经费匮乏，开展业务工作需要另外申请专项经费。文化馆（站）正常运转经费、设备更新经费、活动经费、图书购置经费、乌兰牧骑的排练演出经费等日常专项性公用经费没有被列入预算。公共图书馆购书费短缺。以2015年为例，2015年，全区人均藏书量为0.60册，仅比上年增加0.05册，人均藏书量居全国第12位。文物保护、非遗保护、博物馆的文物征集、可移动文物普查等的专项工作经费没有被纳入地方部门预算。国家和自治区仅对已列入国家级或自治区级的项目予以补助，大部分项目由于地方财力不足难以有效地开展工作。

（二）标准化建设滞后

标准化建设滞后一方面表现在设施建设不达标。自治区、盟市两级公共文化单位普遍面积偏小、年久失修。2015年年底，在盟市，3个图书馆低于4500平方米的国家最低面积标准，10个群艺馆低于4000平方米的国家最低面积标准。旗县区有56个图书馆不足1500平方米，有50个文化馆不足1500平方米，不符合国家二级图书馆、三级文化馆的最低面积要求。乌兰牧骑排练厅面积不到300平方米。还有的文化馆借用其他场所或与其他单位合用场所，无法真正发挥其作用。在苏木乡镇，由于乡镇恢复，增加的63个乡镇没有文化站。全区11224个嘎查村建有文化室9405个，大部分文化室面积狭小，达不到规范要求。随着城镇化建设的加快，大量农牧民人口转移，旗县区缺乏社区文化活动场所，进城务工的农牧民在文化权益保障上存在盲区、死角。

标准化建设滞后另一方面表现在设施利用率偏低，作用发挥不够明显。由于设施狭小、设备简陋、服务条件和服务手段落后，不少盟市和旗县的图书馆、文化站不适应形势发展的需要，难以发挥应有的服务职能。究其原因：其一，当地人口少，或者图书馆、文化站的位置较偏，不方便群众参与文化活动，设施经常被闲置；其二，被挤占、挪用或出租的现象时有发生；其三，一些设施独立的文化站冬季取暖费用无法解决，造成整个冬季站舍闲置；其四，活动形式和内容单一，服务水平不高；其五，目前文化站的管理体制滞后，缺乏活力，已不适应当前形势需要。

（三）文化遗产保护任务艰巨

内蒙古文物保护经费大部分来自国家投入，自治区投入偏少，特别是对红色文化遗产、长城遗址和全区少数民族文物的保护经费投入不足。由于内蒙古文物古迹多分散在草原、沙漠、戈壁、森林、农区和城市郊区等地，其地域大、地质条件复杂、交通和通信条件较差，给文物保护、执法、督查、管理带来了诸多困难。随着经济快速发展和各种新型文艺形式的广泛传播，民族优秀传统文化受到严重冲击，其呈现出加快消亡的趋势，加之一些地区对非遗保护认识不足，缺乏长远规划和统筹安排，"重申报、轻保护；重开发、轻管理"的现象普遍存在，很多重要项目得不到有效保护，传承发展的任务日益紧迫、艰巨、复杂。整体性保护、生产性保护、抢救性保护等缺乏顶层设计和有效办法，政策、制度有待健全。非遗基础设施建设严重不足。缺乏大型的、成规模的非物质文化遗产展示场所，无法为各级代表性传承人提供长期、固定的展示平台。

（四）内容原创仍是瓶颈

受外部环境影响，内蒙古艺术创作存在上不"望星空"、下不"接地气"的现象。突出表现是"三重三轻"：重急功近利、轻精益求精；重因循模仿，轻标新原创；重外在形式，轻本体内涵。短视的艺术创作直接导致了许多"应景"之作、"短命"之作，造成了有限的艺术资源浪费，也给艺术的可持续发展和再生产带来不利后果。近几年，内蒙古创作生产的作品数量虽然较多，但能够代表内蒙古文化艺术形象、久演不衰的作品很少，受业界认可、观众欢迎的盈利作品相对更少。这也是内蒙古文化建设的瓶颈。

（五）文化市场执法任务艰巨

文化市场技术监管手段相对落后，农村牧区及经济开发区、口岸等文化市场监管工作不到位。随着新农村、新牧区建设和撤乡并镇等行政区划的调整、合并，一些在城市发展受限制的文化市场经营项目有向农村牧区转移的趋势，以网吧、电子游戏厅和季节性的大棚演出为主，由于基层执法力量薄弱，很难有效地监管到位。一些地方的开发区和口岸也成为文化市场管理的空白点。执法设施设备严重短缺。执法队伍素质偏低，特别是执法一线队伍，年龄结构、知识结构、综合素质与文化市场管理工作的需要都存在很大差距，对执法队伍的培训、教育跟不上，很难做到全员全面培训。

（六）文化人才队伍建设滞后

内蒙古文化系统人才队伍年龄普遍偏大、学历层次不高，高层次人才数量少，且多集中于自治区层面，缺乏文化名人、艺术大家和学界名家，年轻后备人才不足，民族的、本土的舞美、编剧、导演、指挥、作曲人和复合型院团管理人才尤其短缺。有的盟市文艺院团连一名专业编剧都没有，而且全区大部分创作人员在50岁以上，年轻骨干很少。产生这种状况的原因：一是引进机制不畅。受编制、进人计划、身份、户籍等各种因素的制约，不少单位人员的配置结构还停留在成立之初的状态。二是艺术人才流失严重。工资、住房、保险福利、发展前景等无法与发达地区相比，致使一些优秀艺术人才离岗离职。受待遇偏低、发展受限等因素影响，人才流失问题较为严重。三是基层文化队伍没有形成体系。有的没有专职人员，有专职人员的"专职不专干"的问题普遍存在。四是文化志愿者队伍没有培养起来。人员配备没有考核和准入制度，且缺乏有效的培训机制，管理人员的业务素质有待提高。

（七）其他挑战

内蒙古文化产业总体上依赖传统文化产业，很难形成规模化的产业链，文化创造力的落后加之对本地文化市场评估的不足，导致优质草原文化资源得不到有效利用，产业协调能力低。同时，受区域协调性的影响，文化产业结构过于单一，文化产品的附加价值难以体现，品牌质量和内容创新没有适应新常态的趋势，在面对互联网的竞争压力时显得力不从心。

内蒙古文化产业现行的商业模式仍然停留在对文化资源的浅层加工方面，对其缺乏解读和开发，对文化资源的误读现象却十分普遍。相关部门和企业的文化观念滞后，商业意识欠缺，对依照市场经济运行规律开拓文化市场缺乏系统化的研究和投入，而文化产业经营者的市场意识也很薄弱。无论是在文化产业发展规划还是在执行方案中，都缺乏对文化产业经济价值的转化能力，没有产生应有的具有内蒙古特色的文化产业商业模式。

互联网文化产业的发展与园区内互联网文化产业基础配套设施的建设密不可分。内蒙古文化产业基础配套设施较为落后，各类文化产业园区因为发展程度的不同和受区位因素的影响，全区各地呈现巨大的差别。此外，多个文化产业园区和文化产业基地得不到有效的利用，文化企业的入驻率低和配套设施不完善，尤其是数据收集处理的设施严重缺乏，这影响了文化资源的整合和市场预测能力，制约了园区产业链的形成。互联网文化产业是知识密集、信息密集、技术密集的领域，以大盛魁文化产业园区为例，园区内缺乏专业的文化数据收集和整合机构、文化金融投融资的机构、平台运营机构和创客交流平台，很难将有限的文化产业人才与文化创新相结合，使文化产业园区的价值得不到最大化发挥。

内蒙古互联网文化产业投融资体系在很大程度上依赖政策环境的支持，一旦出现资金断流的情况，大部分文化产业项目将面临巨大的威胁。虽然内蒙古从2004年就特别设立了文化产业发展专项资金，但是数额和使用受到严重制约。在重点发展项目上投入的经费不足，自治区人民政府与企业以及金融机构之间没有形成有效而可靠的合作关系，导致新兴产业发展较为迟缓，造成中小企业融资能力差。在引进和利用外资企业、民营企业、中央企业、地方国企等各类文化产业市场主体时，对其缺乏判断，对投资者的吸引力不足，难以引导资金流入文化产业。此外，文化产业投融资具有相对的长期性和高风险性，缺乏文化产业政策的正确引导，民间资本难以有持久的投融资目标和方向，造成投融资的突然中断。

第三节 内蒙古文化产业发展战略

一、战略指导原则

弘扬民族文化，增强民族文化凝聚力。当今世界，经济文化全球化步伐加快，文化趋同趋势明显，在全球化中保持和发展民族文化特性，在此基础上将优秀的传统文化转化为适应现代全球消费者需求的文化服务产品，对于振奋民族精神、增强中华民族的精神认同感和向心力、促进中华民族与世界各民族的交流与合作，无疑具有重要的现实意义。研究、传承、发展草原文化，推进文化产业化建设，是弘扬民族文化、增强民族文化凝聚力的重要举措。

应学习、吸收、借鉴西方优秀文化。西方经历了几百年的历史沉淀，有着丰富的文化，形成了较完全的社会组织制度，对西方的优秀文化成果，我们应该虚心学习、吸收、借鉴。

地区经济结构优化和产业升级。从根本上讲，发展文化产业是社会主义市场经济的要求。文化对经济有着巨大的反作用。随着知识经济的发展，文化对经济的作用越来越突出，文化的产业属性和产业化的趋势也越来越突出地表现出来。文化产业可以推动生产力迅速提高、经济明显增长，引起人类生产、生活方式的深刻变革。

二、制定文化产业发展战略时应处理好的四大关系

第一，文化产业与文化事业联动。由于我国长期实行以文化事业为主的方针，发展文化产业是在文化事业的基础上起步的。首先，需要划清事业与产业的界限，不能都推向产业，该留的留，该转的转。其次，既要有事业规划，又要有产业规划。

第二，挖掘传统特色与积极创新。内蒙古文化的特色很鲜明，应该继承优秀的草原文化，对其深度发掘。只有不断创新，才能适应社会生产和生活发展

的需要，文化商品才有广阔的市场。

第三，组建大型企业与扶持中小企业。要发展文化产业，没有经济实力雄厚、市场营销能力和企业管理能力强大的大型现代企业，很难带动整个行业的发展。中小企业与大众的生活息息相关，并且对打造文化产业的"航母"也是基础性的。

第四，文化产业应与相关产业协调发展。文化产品既可以做生活资料，也可以做生产资料，所以文化产业的相关行业很多。从生活资料看，文化产业与旅游产业的协调发展，可以说是文化产业开拓市场的切入点。

三、内蒙古文化产业发展的基本战略

制定内蒙古文化产业发展的基本战略应考虑以下几个方面：一是地区民族特色与时代特征相统一，二是物质文明建设与精神文明建设相统一，三是坚持社会效益与经济效益相统一。

（一）大力实施人才战略

发展文化产业的基础是文化资源的整合，而整合文化资源的主体是通晓内蒙古文化的研究人才；操作文化企业的是既通晓文化业务，又善于经营管理的复合型人才和中介组织。

文化产业本质上按市场机制运作，这为吸纳文化人才提供了前提。应该鼓励文化人办文化产业，支持多种经济成分投资文化项目和建设文化企业，带动整个文化产业的全面发展。

人才是发展文化产业极其宝贵的资源。应充分利用内蒙古各科研院所、大专院校的教育和培训资源，有计划地培养发展文化产业所需的各类、各层次人才。同时要积极发现和大力培养民间艺术专业人才。留住在内蒙古工作的国家级、区级专家，要给予他们良好的发展空间和条件。

（二）首府和中心城市的龙头带动战略

在选择发展文化产业的突破口上，要切实实施龙头带动战略。它包含两层意思：一是就行政区域而言，要以首府呼和浩特市为文化产业发展的龙头。呼和浩特市是全区政治、经济、文化的中心，应全方位展示内蒙古的特色文化和整体形象。应该在此形成内蒙古文化产业的企业群落，让首府起到引领内蒙古文化产业发展的龙头带动作用。二是其他11个盟市的中心城市应突出本区域的文化特色，带动地方文化产业的发展。

每一个中心城市都应当从自身的实际情况出发，选择有实力的行业作为发展文化产业的龙头。鼓励文化企业按照国家和内蒙古的产业政策，实行跨地区、跨领域、跨所有制的联合或优化组合，培育大市场，形成优势企业，充分发挥出区域性龙头与产业性龙头巨大的带动及示范作用。

（三）实施文化精品战略

在市场经济条件下，文化产品作为一种特殊商品，也必须参与市场竞争，用高质量、高水准的文化精品来满足人们日益增长的精神文化需要。它包含两层意思：一层是从内容方面讲，精品要反映时代精神，反映民族精神；另一层是从制作方面讲，精品要给文化产品的生产起示范与榜样的作用。

创制内蒙古的文化精品，一是要反映内蒙古整体的文化水准，代表内蒙古文化发展的主导方向，具有引导性、前瞻性；二是精品意识体现了文化工作者对事业的追求与奋斗，体现了他们振兴民族文化的奉献精神；三是精品的本质是创造与突破，是超越时空的不朽之作，具有广泛的传播性和较高的文化价值。这对于抵制"文化兑水""出版泡沫"等文化界浮躁不定、急功近利之歪风意义重大。因此，实施文化精品战略，生产大量优秀的独具内蒙古特色的文化产品并产生名牌效应，定会在文化精品与消费者之间建立起良性环境，即用优秀的文化产品促进消费者审美水平的提高，反过来，高水平的消费者又会有力地推动先进文化的发展，促进内蒙古文化产业不断升级。

（四）积极采取高科技带动战略

从发展文化产业的技术手段上讲，内蒙古要跟上信息时代的步伐、体现时代特征，需要加快实施高科技带动战略。从经济发达地区的实践来看，文化产业与高科技信息业结合，生产大量的影视、音像产品，全面改造并带动出版、电视、电影技术，全面提升图书馆、博物馆、影剧院等文化设施的水平，极大地提高利润。实施高科技带动战略可加强内蒙古文化产业与信息产业良性互动。

四、内蒙古文化产业发展的战略重点

深入研究草原文化对保护和开发草原文化资源、培育和壮大文化产业、推进内蒙古民族文化大区建设具有重要影响。研究和弘扬草原文化并依托草原文化发展文化产业，是内蒙古文化产业发展战略的资源基础。

草原文化不但是中华民族宝贵的精神资源和财富，而且是一种宝贵的文化资本。文化作为"第四种类型的资本"，与物质资本、人力资本、自然资本同样重要。正确认识草原文化资本的价值所在，认真做好草原文化资本的开发利用，对于推进文化事业和文化产业的发展具有重要的现实意义。内蒙古众多的人文资源和自然资源已经形成了巨大的财富，重点发展文化产业的主客观条件已经具备，必须抓住这个历史机遇，开拓创新，实现文化产业的跨越式发展。确立符合区情的发展目标，推进产业整合和产业升级。在尊重客观实际和企业自主权的基础上，适时推动文化经营单位的集团化、产业化发展。

（一）都市文化战略

都市文化是把文化进行产业化运作的一个枢纽，同时现代都市也迫切需要有与之相适应的精神文明和都市文化作支撑。内蒙古已开始形成大、中、小城市网络，有着较好的都市文化基础。草原文化的发展将为都市文化建设提供宝贵机遇，抓住这一机遇，在城市建设中保持、发挥得天独厚的草原文化优势，有意识地深化、培育、发展、升华文化内涵，用强烈的文化意识铸造城市的文化精神，将草原文化与现代都市文化水乳交融地体现在城市建设之中，是都市形象塑造不可缺少的主题。一是提高城市建设的文化品位，在增强城市功能的过程中，不仅要大力发展经济，还要大力发展文化，赋予城市山水园林深刻的文化神韵。在城市标志性景观和文化大项目的建设中，突出草原文化和现代文明的特征，利用良好的山水资源和人文环境，结合新城建设，表现出新的文化审美和创意，力争达到人文景观和自然景观的和谐统一。二是培育和发掘深厚的文化底蕴，重新塑造都市人的现代精神风貌。三是积极营造现代市场经济文化氛围，培育适应和促进市场机制发育完善的文化风尚。

（二）特色文化战略

文化产业有别于其他行业的优势在于其丰富的文化资源。要在市场中实现文化资源的优化配置和有效利用，首先要做好"特色"文章。一个民族要想存在和发展，必须有自己的文化根基、文化形象；同样，一种文化要想存在和发展，就必须有自己的民族根基、民族形象。特色是文化崛起之魂，特色是文化的生命和魅力，是走向世界的通道。每个民族都有自己的文化个性，坚持自己文化的民族特色，与人类文化的世界性和全球化并不冲突，因为文化的多元性是世界丰富多彩的一个重要体现。正因为如此，草原文化面对全球化的大潮，要展示独特的个性。在文化的本体性、交叉性和延伸性产业中，本体性文化产业的特色与优势突出。本体性文化产业不仅具有文化经营的行业优势、人才优势、政策优势，还具有高附加值、高效益的产业优势，是发展文化产业的关键所在。首先，要重点发展支柱产业，形成文化支柱产业群体。其次，要突出文化产品的民族特色、地方特色，逐步形成拳头产品。再次，将草原文化资源开发与高科技相结合。文化产业属于知识经济的范畴，处于世界经济发展的前沿，内涵丰富、科技含量高不失为文化产业的两大特色。内蒙古特色文化重在体现民族性、地方性，在建设好现代都市主流文化的同时，应加强文化基础设施建设，在周边地区发展特色文化：昭君文化、蒙古族歌舞民俗文化、名人故地历史文化、红山文化、召庙文化等。应分期、分批建设文化广场、大剧院、电影院、博物馆、美术馆、图书馆等标志性文化设施。要合理规划一批重大文化工程建设项目，同时注意对古代文化遗产的抢救和保护。

（三）品牌跨越战略

草原文化是内蒙古的第一品牌，是内蒙古最大的无形资源，引发人们对民族历史的追怀和对未来的进取，其以博大精深的文化意蕴，启迪、熏陶人们的精神世界。作为内蒙古文化的一部分，随着时代的发展，草原文化在社会功能上将侧重向民俗文化、旅游文化方向发展，将在各种特定的节日和礼仪中继续存在，表现其民俗价值；同时，作为内蒙古特有的地域文化、草原观光的主要内容之一，草原文化将继续吸引国内外的游客，其旅游文化价值也会被世人认同，成为内蒙古对外联系的窗口。内蒙古在电视、出版、文学等方面的确形成了品牌，但给人的普遍感觉是打上品牌烙印的特色产品还不够丰富。现实表明，名牌栏目、精品力作等原创性文化产品被开发之后，要再开发延伸性的其他产品，才能发挥品牌的最大效应。内蒙古昭君文化节中出现的经贸热、文化热、民俗热、旅游热等几种"热现象"足以说明这一点，这就是品牌的威力。另外，文化产业相互渗透的特点也为培养品牌创造了条件，不少专家就提出要打破市场分割和行业垄断，围绕一批重要的文化品牌，推动电影、电视、文学、出版等领域的联动策划。

党的十六大报告谈到"文化建设和文化体制改革"时，特别强调"坚持弘扬和培育民族精神"的重要性。民族精神是一个民族赖以生存和发展的精神支撑。一个民族，没有振奋的精神和高尚的品格，不可能立于世界民族之林。草原文化与黄河文化、长江文化都是中华文化的重要组成部分。整合内蒙古文化资源，精心打造内蒙古优势特色文化品牌，进一步调整和优化文化产业结构，做大、做强文化产业集团，不仅是建设文化大区的必由之路，还是发展草原文化、传承中华民族精神的需要。

应通过文化产业营销，全方位展现内蒙古独特的区位、资源和品牌优势。依托优秀的历史文化和独特的民族文化，按照代表先进文化前进方向的要求，结合时代精神对历史和民族文化进行创新发展，使民族优秀文化与经济发展相融合，加快建设文化大市场，打出内蒙古草原文化的品牌，铸造内蒙古草原文化精品，形成独特的民族文化和草原文化等文化系列，如内蒙古多民族的语言文化系列、具有民族特色的歌舞音乐系列、绚丽的民族服饰及表演系列、群众性的民族节庆活动系列、具有地方特色和民族风情的旅游产品和饮食文化系列。应建设既有地域、民族特色，又具有时代精神的先进文化，精心打造内蒙古文化品牌，让内蒙古文化走向市场，走向国内外。

第四节　内蒙古文化产业发展对策

一、进一步完善公共文化服务体系

深入贯彻落实中共中央、国务院《关于加快构建现代公共文化服务体系的意见》和国务院《关于推进基层综合性文化服务中心建设的指导意见》，逐步实现公共文化服务体系标准化建设和均等化发展目标，推进公共文化服务体系建设。

继续加快地市级图书馆、文化馆、博物馆、剧场、美术馆建设。按照国家相关公共文化设施建设标准，通过新建或改扩建等方式，争取国家对县级公共文化设施的支持，从根本上解决县级图书馆、文化馆、博物馆、剧场、非遗传习所、乌兰牧骑排练厅等公共文化设施、馆舍、场地、设备滞后等问题，实现城乡基本公共文化服务均等化。继续加大文物保护投入力度，特别是对红色文化遗产、民族文化、长城遗址的保护投入。

推动公共文化服务数字化平台建设，推进文化共享工程和数字图书馆建设，加大数字资源建设力度。推广使用公共文化数字化管理服务平台。实施"数字文化"工程，继续推进"数字文化走进蒙古包"工程，大力开展"互联网+公共文化服务"工作。

坚持重心下沉、资源下移，着力加强基层综合性文化服务中心建设，促进文化惠民项目与群众需求有效衔接。增加服务总量，提高服务质量，开展文化帮扶活动，缩小城乡发展差距，打通文化服务的"最后一公里"。贯彻落实贫困地区公共文化建设规划，加大政策、项目的倾斜力度，引导文化资源向城乡基层倾斜。

二、健全文化市场体系

各地各部门要加强组织协调，完善工作机制，形成齐抓共管、整体推进的工作格局。要提高科学谋划、战略布局能力，适时推出在全社会有广泛影响的文化活动。提高调查研究、制定政策的能力，加强文化立法，推出更多含金量高的文化政策。提高组织、协调、执行能力，动员更多力量支持和参与文化建设，形成文化工作的良好环境。实现从"办"文化向"管"文化转变，从微观管理向宏观管理转变，从部门视野向社会视野转变，激发全社会文化创造活力，构建推进文化建设的大格局。

以培育市场主体、激发市场活力、加强市场监管为重点，建立健全现代文化市场体系。力争基本建成统一开放、竞争有序、诚信守法、监管有力的现代文化市场体系，初步确立权责明确、公平公正、透明高效、法治保障的文化市场监管格局。① 要建章立制，激活文化市场管理工作领导小组办公室（简称文管办）运行机制。各级文管办都要建章立制，参照自治区文管办的工作形式，对本辖区文化市场工作实行统一指导监督、统一协调调度，有效解决文化市场管理执法工作中存在的全局性问题。② 要统一协调，发挥文管办的平台作用。③ 要指导监督，形成文管办的工作抓手。④ 要扎实推进"文化市场北疆稳定工程"。⑤ 推动、深化文化市场综合执法改革工作。根据中共中央、国务院《关于进一步深化文化市场综合执法改革的意见》精神和自治区文改办要求，起草内蒙古自治区贯彻实施意见。建立改革台账，对盟市落实情况进行专项调研督查。

三、完善文化传承体系

以社会主义核心价值观为引领，创作和生产更好、更多的优秀文艺作品。力争创作和生产更多传播当代中国价值观念，体现中华文化精神，反映中国人审美追求，思想性、艺术性、观赏性相统一的优秀作品。着力推进艺术创作机制建设，加大投入力度，积极引导和扶持各级院团深入基层、扎根人民，开展出精品、创品牌活动。继续完善新创剧目，逐步形成具有民族特色的演艺品牌。开展好"草原文艺天天演"文化惠民演出，发挥好各级院团的文化惠民演出、服务作用。

以有效保护为前提，着力推动中华优秀传统文化创造性转化和创新性发展。形成中华优秀传统文化传承体系，让中华优秀传统文化拥有更多的传承载体、传播渠道和传习人群。要重点推进红山文化、辽上京城与祖陵、阴山岩刻三大遗址群的申遗工作项目。进一步完善非物质文化遗产名录体系，组织申报国家级非物质文化遗产名录代表性传承人，组织评审自治区级非物质文化遗产名录。加快实施"千校万户"计划，积极开展"草原文化遗产日"宣传活动。

四、加快文化供给侧改革

要以文化产品供给侧结构性改革为主线，引领文化产业创新发展，培育文化创意产业和新型文化业态，不断完善现代文化产业体系，努力形成新的文化增长点。

文化规划可以更好地引领文化发展要素流动起来，让文化资源从低效领域转移到高效领域，从已经过剩的领域转移到更有需求的领域，这是文化领域可持续发展的指挥棒。

创新是供给侧结构性改革的关键。人才作为第一资源，是重要的创新供给要素，要将文化认同作为创新人才培养的基础，用创新人才培养来统筹教育改革，打破限制，下放权力，激发活力，构建适应未来社会发展需要的、科学合理的文化教育体系。

各级政府要把文化发展纳入国民经济和社会发展规划，加大财政资金投入力度。要鼓励金融机构按照风险可控、商业可持续的原则加大对文化企业的信贷支持。推进文化基础设施和公共服务的投融资模式改革创新。产业政策要以文化产业基本规律为出发点，着力优化文化市场结构，提高文化企业发展效率，鼓励和引导社会资本进入文化产业。

围绕"互联网+"大力发展新型文化业态，加快发展动漫、游戏、网络视听、创意设计等新型产业，继续引导上网营业场所、游戏游艺场所、歌舞娱乐等行业转型升级，推动"互联网+"对传统文化产业领域的整合。

引导各地根据资源禀赋，走特色化、差异化的文化产业发展道路，使文化产业发展与创新协调发展、新型城镇化建设相结合，优化区域文化产业布局，推动形成文化产业优势互补、联动发展的新格局。

五、加强人才队伍建设

人才已经成为制约我国文化产业发展的一大瓶颈。内蒙古地处边疆，自然条件相对恶劣，社会经济发展水平较沿海甚至内陆腹地都有差距，人才短板现象更为明显，特别是高端创意人才匮乏。为此，可尝试用人才引进与自我培养相结合和外部咨询与定期交流相结合、产学研用相结合等途径来解决人才问题。

大力推动理论创新，突出应用对策研究，充分发挥思想库作用，尊重规律，科学管理，同时以文化发展需求和人才"双创"需求为导向，促进各类创新要素流动与优化配置，满足"双创"人才的创新、创业需求，形成"市场牵引、需求导向、资源整合、要素协同、产业辐射"的全链条、全要素的运行模式。

六、加快大数据与文化产业对接

互联网文化产业要借助大数据的收集和应用功能，了解各类消费人群的文化需求，推动文化产业向个性化、专业化的方向发展；互联网文化产业还需要通过新媒体高效、直接的传播方式，与传统文化产业相结合，打造优质文化产业品牌。

互联网为传统文化产业的转型升级提供了机遇，互联网文化产业商业模式的变革将会是一次传统文化向新兴文化商业模式的巨大转变。现阶段中国互联网文化产业商业模式有未来模式、平台模式、广告营销模式、技术服务模式、IP改编模式、小企业联合平台模式。[①]这六种不同的商业模式使互联网文化产业在各个领域体现出了很大的优势，也给内蒙古互联网文化产业带来了更多的启发。

文化产业园区的协调作用与功能布局的完善密不可分，缺乏技术和人才的支持，文化产业园区很难形成自己独特的园区优势。在应对互联网带来的机遇与挑战时，内蒙古各文化产业园区应积极引进以互联网为核心的新兴文化企业，增强园区的竞争力。其一，引进文化数据收集和整合机构。大数据影响文化创意产品的大众导向，数据的收集和整合决定了企业对未来市场的预测和分析，可见大数据在互联网文化产业中至关重要的地位。其二，引进文化金融投融资机构。改善园区内部的投融资环境，加强资金的流动性和模式的持续性，使中小企业在满足发展需求的同时，能有更多的创新资金，这有利于内容创新和市场繁荣。其三，加强培育平台运营机构。加强产业园区内传统文化产业与新兴文化产业相互融合、相互借鉴，结合平台的推广和营销功能，提升传统文化产业的运作能力，促进互联网文化产业的发展。其四，开创文化创客的交流平台。文化产业园区开创集文化产业交易、开发、投资为一体的创筹平台。通过创客和众筹结合的机制为各类文化创意投资项目提供文化创客之间合作交流的平台，激活行业创客的创作和创新激情，为正处于起步阶段文化产业项目的创作投资提供更多的交易机会。

七、优化文化产业投融资环境

投融资环境会影响产业发展的潜力，而在投融资方式多元化的今天，内蒙

---

① 黄锦宗，陈少峰. 互联网文化产业商业模式创新 [J]. 福建论坛（人文社会科学版），2016（2）：63–68.

古互联网文化产业应加强内部对投融资的吸引力。自治区人民政府应该加强文化产业PPP融资方式的推广，积极引入有一定实力的外资企业、民营企业、中央企业、地方国企等各类文化产业市场主体，为内蒙古文化产业经济注入新的动力。灵活运用文化基金投资和众筹股份等各类金融工具，建立多元可持续化的互联网文化产业PPP项目投融资体系，并加强互联网文化产业与金融机构的沟通合作，及时共享PPP项目信息，协调解决文化产业项目融资、建设中存在的问题，为互联网文化产业融资工作顺利推进创造条件，最终形成高效快速的资金流和新的市场环境。

加强对中小企业及文化创客的引导和培养。在互联网文化产业中，文化创客指在文化创意产业生态圈中从业且思维方式灵活、善于利用技术手段和专业技能把自己的创意设想变现为文创成果的个人或团队。文化创客主要分为内容生产者、创意实现者、产品营销者和跨界融合者。这四类人群是互联网文化产业创新必不可少的。内蒙古互联网文化产业应抓住众创时代的精髓，加强文化创意与经济之间的联系，加大对文化创客的扶持力度，对投融资进行一定方式的鼓励，为众多文化创客和中小企业创造一个多元化的文化产业创客空间。

八、利用中蒙俄经济走廊拓展文化产业发展空间

（一）确立"文化+"与"互联网+"双翼驱动机制

融合与转型是当前我国文化产业发展的主要趋势。融合指文化产业与相关产业相互渗透，如文化与旅游、体育、资源、创意、地产、科技等产业的融合，可以概括为"文化+"；转型指使用科技手段改造传统文化产业，可以概括为"互联网+"。内蒙古文化产业以传统文化产业（即文化资源产业化）为主要形式，衍生出文化旅游、演艺、图书出版、音像制品、工艺品制作等细分行业。毋庸讳言，内蒙古文化产业科技附加值与产业关联度低。因此，应该顺应文化产业发展的趋势，确立"文化+"与"互联网+"为内蒙古文化产业的转型双翼。"文化+"是促进文化产业结构调整、文化产业发展方式转变、文化产品创新和服务创新的重要途径；"互联网+"则是文化产业结构转型的支撑条件。

目前，北京市、广东省、湖北省、陕西省、宁夏回族自治区等省（自治区、直辖市）相继出台省级推进文化产业与相关产业融合的行动计划。内蒙古

自治区应尽快出台类似指导意见，实施"文化+"战略，加快文化产业与工业制造、农业、牧业、旅游等产业的融合。

"互联网+文化产业"可以理解为数字文化产业。文化部出台的《关于推动数字文化产业创新发展的指导意见》指明了"互联网+文化产业"的新业态、新模式、新趋势。呼和浩特市云计算基地是内蒙古加速文化产业数字化改造的重要平台，需要有关部门尽快将内蒙古民族文化资源数据库投入使用，通过大数据的分析手段，加快对文化资源的精细开发，实现文化创意的多次开发和充实完善。

（二）加强中蒙俄文化交流与民间文化往来

近年来，内蒙古通过开展多种渠道、多个层次的对外文化交流活动，使与俄蒙的文化交流日益扩大，也使民间文化交流不断加强。[①]但是，对外文化交流和文化"走出去"依然存在不足。因此，除加强国际传播力的建设，讲好内蒙古的故事，扩大草原文化的影响力外，还需要创新文化交流形式，如推动建立中蒙俄友好城市，并推动内蒙古的城市与友好城市的文化互动，实现更深领域的文化往来。

（三）设立中蒙俄文化发展专项基金，助推内蒙古自治区文化产业"走出去"

中蒙俄经济走廊是"一带一路"倡议的重要组成部分，其建设与发展虽然可以从丝路基金、亚投行等金融体系获得资金帮助，但是这些金融体系重点关注"一带一路"沿线国家的基础设施项目，针对文化产业国际化的专项资金相对缺乏。中蒙俄经济走廊建设对内蒙古文化产业而言，实际上是拓展了其国际文化消费市场，为内蒙古文化产业的国际化提供了平台和基础。但是，文化产业本身具有高收益、高风险的特点，对于文化企业其不论是境外投资还是文化产品出口都会面对两个难题：生产资金投入与投资风险。就内蒙古文化产业现状而言，将文化产品"走出去"作为发展战略的企业为数不多。2016年，内蒙古设立文化产业专项资金，对重点文化产业聚集区和示范基地、国家级文化与

---

① 乌兰. 拓展草原文化研究 助推内蒙古更好地参与"一带一路"建设[J]. 实践，2015（8）：5-6.

科技融合示范基地、骨干文化企业、重点文化产业项目和小微文化企业以及成长性好的新兴文化产业项目和具有发展优势的地方民族特色文化产业项目，通过贷款贴息、融资担保、项目补助等方式予以支持。可以考虑在专项资金下设立中蒙俄文化产业基金，或者另行构建国家/地方政府/民间层面的中蒙俄文化产业基金，为内蒙古文化产业国际化提供资金支持与风险保障。

中国银行驻蒙古国代表处联合在蒙古国发展的中国企业设立了中蒙文化教育基金和中蒙社会发展基金。前者旨在为家境贫寒、品学兼优的学生提供奖学金，后者为落后地区提供公共设施建设基金。这两个基金为中国文化"走出去"、树立中国形象做出了贡献。倘若借鉴这种思路，不但可鼓励内蒙古文化企业"走出去"，推动内蒙古文化产业转型升级，而且也可对消弭中蒙俄意识形态差别，巩固双边、多边国际关系做出贡献。

九、内蒙古文化产业发展的其他对策

内蒙古自治区党委、人民政府已做出了建设民族文化大区的战略部署，内蒙古自治区人民政府已出台了支持文化事业和文化产业发展的若干政策，对文化事业、文化产业在发展过程中采取扶持和优惠政策，以加快建设民族文化大区的步伐。

加大文化事业财政投入力度。文件要求，各级人民政府要增加对文化事业的经费投入，增长幅度不低于当地财政经常性收入的增长幅度。重点支持具有民族形式和民族特点的文学、艺术、新闻出版、电影等文化事业，保护民族名胜古迹、珍贵文物、重要历史文化遗产和优秀民族民间艺术，重点支持体现民族特色、地区特色且具有相当水准的重大文化项目，并给予经费保障；专业艺术院团创作、演出活动实行创作、演出补贴制；图书购置费、文物保护经费、公益性文化活动费，应逐年有所增加。文件还对文化人才开发、文化创作开发、文化交流与研讨、边远贫困地区发展文化事业等方面的工作经费进行了具体规定。

继续增加对文化基础设施的投入，以提高文化基础设施建设水平。内蒙古提出集中力量兴建一批标志性文化基础设施，并按项目管理，单报单批，重点建设。内蒙古自治区人民政府对公益性文化设施建设项目在选址、立项、征地、投入等方面给予优惠，优先安排指标，减免有关费用，不得随意改变公益性文化设施的使用性质或挪作他用。内蒙古文物工作在民族文化大区建设中地位凸显，文物工作已成为内蒙古民族文化大区建设中的重点项目，内蒙古文物在全国乃至世界的地位及在全区经济社会发展中的意义，已进一步得到全社会认同。

内蒙古的文物保护经费投入增加。内蒙古自治区人民政府各有关部门主动配合，进一步加强文物保护工作，发布了一系列保护文物的文件，以解决文物保护工作中的实际问题。呼和浩特市文物市场稽查队的建立、包头市文物保护执法力度的加强、鄂尔多斯市和锡林郭勒盟文化局文物科的设立及赤峰市文物警察队伍的壮大，使得内蒙古文物行政管理和执法队伍的建设得到进一步的充实和加强。

内蒙古还提出要积极扶持文化产业发展。设立文化产业流动资金和贴息资金制度，对民族或地域文化特点鲜明、水平较高、有保留和推广价值的作品实行项目补贴，允许文化品牌创作和科研成果等要素参加公益分配，放宽文化市场准入条件，鼓励和吸纳各类企业、单位、个人等社会力量参与文化建设，扩大文化产业利用外资和社会资本的渠道和领域，推动组建跨媒体、跨行业、跨所有制的文化企业集团。内蒙古对文化产业实行税费优惠政策，并对税费的优惠政策做了细致的规定和明确的要求。

根据内蒙古文化事业、文化产业发展现状，内蒙古文化产业的发展，应从以下四个方面予以关注。

第一，建立健全文化经济政策，为文化产业的发展创造优良的环境，增强文化产业的发展能力和创新能力。

内蒙古文化产业相对于我国文化产业发达地区还处于弱势地位，只有以完善、健全的文化经济政策为依托，为文化产业的发展创造优良的环境，增强文化产业的发展能力，才能积极参与文化产品的市场竞争。

内蒙古文化产业处于弱势地位，主要原因之一是对文化建设和民族艺术的扶植投入资金不足及政策不完备。我国低投入的文化产业与发达国家高投入的文化产业平等竞争几乎是不可能的。而文化经济政策方面的具体法规，也几乎是空白。

文化产业发展的主体之一是表演团体，这也是我国舞台传统艺术精粹的主要载体。而目前许多专业艺术表演团体都面临着难以发展的困境，其中包括一些代表国家和民族优秀艺术水平以及有独特艺术保留价值的表演团体。之所以如此，与没有完善的经济政策有直接关系。

就艺术经济政策的制定而言，我们认为应注意以下几个方面：① 要按照各个艺术表演团体体现的不同价值区分出层次性，在规范艺术表演团体的经营行为上起到作用。② 对代表国家和民族艺术水平的表演团体，带有实验性、示范性的表演团体，有特殊保留价值的古老剧种的表演团体，传播少数民族传统艺术的优秀表演团体，以健康有益和较高的艺术质量坚持在基层演出的表演团体，不仅要实行基本保障性补贴，还要实行政策性补贴及奖励性资助。

第二，打造名牌，积极占领国内外文化市场。我们具有独特优势的文化产品，而这些产品从文化产业角度考虑很难占有国际市场，重要的原因是虽有优势却无名牌。1999年，加拿大太阳马戏团在我国香港的一个广场上搭建临时演出场地连演3个月，应观众要求一再加演。加拿大太阳马戏团每年在世界各地的演出有巨额的利润，而我国的一些杂技团则是以精湛的杂技节目参与其名下的演出。我们自己的不少艺术表演团体，为什么有艺术优势却不能演变成为产业优势？资金投入不足、宣传包装不够，等等，可以罗列出一连串理由。一个可能使优秀产品不能成为名牌的根本性因素是在整个艺术生产过程中的物质制作、交换、营销阶段，淡化其商品性，"艺术品不是商品"，不问市场，不问观众，使艺术生产不能完成面对观众的生产过程，失去了展现其思想、艺术、审美魅力的可能性。马克思在《〈政治经济学批判〉导言》中提出"艺术生产"的命题，他认为艺术生产也与自身的分配、交换、消费等要素构成一个有机整体，像一般生产一样，艺术生产"决定一定的消费、分配、交换和这些要素相互间的一定关系"，而且艺术的消费、分配、交换本身就包含在艺术生产之内，并且在一定程度上是作为不可缺少的要素决定着艺术生产。只有承认艺术产品的商品性（主要表现在消费、分配、交换等环节），但又不使商品性浸染于艺术生产中精神创造的层面，才有可能从艺术性与商品性、社会效益与经济效益的夹缝中挣脱出来，生产出思想性、艺术性、审美性俱佳而又能吸引观众、占领市场的优秀产品。

第三，占领市场，首先要从占领脚下的市场开始，创建自己坚实、牢固的根据地。"走向世界"，表达的是一种应有的积极、主动的心态。但如果没有占领当地或国内市场的实力，是很难真正走向世界的。就国内演艺团体而言，全国的专业艺术表演团体各有不同的特点或优势。大多数基层团体如果以优秀的剧目、高质量的演出占领所在地区的市场，那么，非中国文化产品填充中国本土艺术市场的范围和深度就会小得多。而不少代表国家水平的演艺团体，目前最重要的是要建立起规范的演出制度，三天打鱼两天晒网的演出，无法形成观众市场效应，脚下的市场都不能占领，"走向世界"恐怕也只能是坐而论道了。美国百老汇叫响的剧目，基本上都不是直接进入百老汇演出的，而是先从百老汇外演起，一步步进入，如无人喝彩，则中途折返。产品品牌和团体品牌，都是在艺术演出实践中形成的，都是靠精湛的艺术品格和一场场的演出积累形成的，"走向世界"，不能跨过脚下的市场，只有从脚下的市场"走出去"，才可能"走向世界"。

第四，要以国际化眼光，大力推进体制创新和管理创新，激发文化产业发展的持久活力。

表面上看，引起社会效应的文化产品是靠技术或艺术进入市场的。但实际上，这些产品本身凝结着生产这个产品的企业或团体的管理、营销能力，折射着企业或团体的文化特征，反映着企业或团体的体制活力。从文化产业发展角度说，体制创新和管理创新比技术创新、艺术创新更迫切。

从发展文化产业应具备的条件而言，内蒙古丰厚的文化资源、独特的传统文化优势和众多的艺术人才，都是其他地区难以企及的，而我国文化市场的需求空间更是广阔。内蒙古文化产业发展进程迟缓，重要的原因是与社会主义市场经济不相适应的体制严重束缚文化生产力；同时，管理观念、方式、机制也从另一方面严重制约文化产业规模、效益的形成。文化体制改革滞后于经济体制改革进程。目前，国家文化体制与经济体制在逐步协调，在这样的进展中，体制的创新将是反映社会文化实践发展要求的一种迫切的变革。目前资金规模小、单位（团体）孤立运作的状态应有较大改变；同时，千条舢板绑成一条大船的行政性集团组合，也将会在兼并、重组中经受历练。能否做大与做强，或兼而得之，都决定于体制创新和管理创新成功与否或创新达到的程度。

海尔集团的经验值得内蒙古文化产业集团、企业研究。可以看到，海尔经验的本质即是创新。技术创新是它成功的动力，文化创新是它成功的灵魂，战略创新是它成功的方向，而体制创新是它成功的主导，管理创新是它成功的基础。当然，众多文化产业企业与海尔不在一个发展层面上，但海尔也是从昨天的窘境中走出来的。在与外来文化产品的竞争中，内蒙古文化产品能否赢得消费者及占领市场，关键在于增强自身的活力。这种活力首先来自体制的创新和管理的创新。

党的十六大报告指出：坚持和完善支持文化公益事业发展的政策措施，扶持党和国家重要的新闻媒体和社会科学研究机构，扶持体现民族特色和国家水准的重大文化项目和艺术院团，扶持体现对重要文化遗产和优秀民间艺术的保护工作，扶持老少边穷地区和中西部地区的文化发展。内蒙古要用好、用活国家"扶持老少边穷地区和中西部地区"的文化发展政策措施，尽早拟定一些好的项目，争取国家的支持。

此外，针对内蒙古的实际情况，发展文化产业还要进一步做好如下重点工作。

一是要进一步调整优化文化产业布局。内蒙古地域广大，不同地区的文化发展呈现不同的特点。要突出地区和民族文化特色，搞好文化产业发展布局规划，挖掘和整合各地文化资源，打造具有地区优势的文化产业品牌。要组建若干个跨地区文化产业集团，提高优势文化产业集中度，形成内蒙古文化产业参与国内外市场竞争的主体力量。重视区域历史文化资源的科学开发与利用，建设一批各具特色的文化产业园区，规划实施一批文化产业重点工程。区域中心城市要充分发挥文化发展的积聚和辐射作用，带动中小城市、小城镇和农村牧区的文化产业发展，在全区形成布局合理、各具特色、相对集中、城乡联动的区域文化产业发展格局。

二是积极培育和发展重点文化产业。文化旅游业是内蒙古的优势文化产业，要促进文化资源开发与旅游开发相结合，推出一批富有地域文化特色、体现较高文化品位的旅游精品项目，使文化旅游业成为第三产业中的支柱产业。要繁荣文艺演出业，积极整合艺术资源，集中力量推名人、塑名剧、创名作，提高艺术表演院团演艺水平和市场竞争力。加强对传统演出剧目、表演设施的改造，振兴内蒙古优秀地方剧种和民族艺术。要创新艺术表演形式，发展面向大众、积极健康、丰富多彩的文体娱乐业。进一步扩大新闻出版业，加快推进出版集团建设进程。加快广播影视业向集团化、规模化发展。积极发展文博会展业，建设特色博物馆体系，扩大内蒙古特色文化的展示和宣传。可考虑每两年举办一次集文化、经贸、旅游为一体的内蒙古草原文化节，促进文化旅游、科技教育、经济贸易发展，扩大内蒙古在国内外的影响。要把文化资源开发与经济发展紧密结合起来，增强内蒙古经贸活动、产品开发、商饮服务等方面的文化内涵，发掘草原文化品牌的潜力。积极引导企业充分利用内蒙古的文化资源，将富有影响力和吸引力的文化精华融合在生产和服务中，通过增加文化内涵提升市场竞争能力。要以文化经济基础为载体，推动人文资源优势向文化经济优势转变，实现以文化促经济、以经济促文化的良性互动，推动经济与文化共同发展。

三是积极培植文化市场主体。要以改革国办文化单位为重点，重塑文化市场主体。通过转制，培育一批自主经营、自负盈亏、自我发展、自我约束的国有和国家控股的文化企业，充分发挥国有文化企业在文化市场中的主导作用，保证文化市场始终坚持社会主义先进文化方向。按照有关政策，积极探索国办文化企业投资主体多元化的发展道路，依法吸引外资、集体、个体私营经济投资入股，推动国有文化企业向集团化、规模化发展。对国办文化事业单位转为企业的，要制定扶持政策，通过打造一批有活力、有实力、有竞争力的微观文化主体，发展壮大文化产业。大力发展民办文化产业，鼓励非公有制企业、社会团体、境外投资者按照国家有关规定办文化产业。

四是培育和规范文化市场体系。加快建立健全统一、开放、竞争、有序的现代文化市场体系。发展现代流通方式，整顿和规范文化市场秩序，打破行业垄断和条块分割，促进文化商品和生产要素合理流动与优化组合。支持各类文化企事业单位大力开发城乡文化市场，加强上规模、上档次的文化市场建设，扶持面向农村、牧区的文化企业。积极引导和拉动城乡居民文化消费，扩大文化产业的市场需求。发展各类文化中介组织，完善文化经纪人制度，实现文化产品交易的信息化、规模化、法制化。

任何一种优秀的文化，只有紧跟时代的步伐前进，才能永葆勃勃生机，并给现实生活以永不枯竭的推动力。中国共产党是中国先进文化前进方向的代表，我们要坚定不移地坚持党关于文化建设的方针政策，大力弘扬内蒙古文化的优秀传统，同时又要立足于社会主义现代化建设的实际，面向现代化，坚持面向世界，面向未来，在西部大开发的实践中，加大文化改革的力度，努力推进文化观念、文化体制、文艺创作及发行的创新，努力创造既有地域特色、民族特色，又具有时代特色的内蒙古新文化。

党的十六大提出，要积极发展文化产业。发展文化产业"要贯彻发展先进文化的要求，始终把社会效益放在首位"。"发展文化产业是市场经济条件下繁荣社会主义文化、满足人民群众精神文化需求的重要途径。"党的十六大为文化产业的发展指明了方向，明确了基本原则、总体要求，具有重要的指导意义。

十、发展文化产业需要处理的十大关系

（一）社会效益和经济效益的关系

在社会主义市场经济条件下，发展文化产业，要坚持用辩证统一的观点来处理社会效益和经济效益的关系。社会效益是经济效益实现的前提，经济效益是社会效益实现的保障。没有现实的经济效益，就没有长远的社会效益。

所谓发展文化产业要"始终把社会效益放在首位"，可以从三个方面加以理解。一是发展文化产业必须遵守国家的法律法规，做到依法办事、依法纳税。政府有关部门应当转变职能，做到管办分离，对文化产业的发展实施宏观调控和依法监管。二是必须遵循社会主义精神文明建设的特点和规律。作为先进文化建设的一项重要举措，发展文化产业的最终目的是满足人民群众日益增长的精神文化需求，促进人的全面发展，而不是提供一般的商品生产和服务。三是从长远来说，文化产业的社会效益要超过其经济效益。文化产业的社会教育功能是潜移默化的，绝非一日之功。时间一长，文化产业所显现的社会价值难以估量。

（二）主业与副业的关系

文化产业经历了一个曲折的发展过程。以前有关文化单位采取的"以文

补文""多业助文"等措施，是对发展文化产业的有益探索。但是，认识不清楚、措施不得力、成效不明显，是当时存在的普遍问题。例如，以为发展文化产业是在"搞副业"，是对文化事业的有益补充；以为发展文化产业只能在副业上做文章，主业则依靠国家财政投入。其实，以上认识束缚了文化产业的发展。

实践证明，文化产业要想做大、做强，就得在主业上做文章、下功夫，否则维持不了长久。有的地方依托文化主业发展文化产业，壮大文化事业，初步探索出了一条发展文化产业的正确道路。例如，艺术院团就是要多创作、多演出，以创作促演出，以演出激创作，在演出中出精品、出人才、出效益，并逐步形成良性循环。优秀作品是叫好又叫座的。例如，图书馆、文化馆、博物馆等公益性文化单位就是要在提高服务水平的同时，不断开拓新的服务内容和方式。只有在主业上做大、做强，文化产业才能真正走上可持续发展的道路。而产业化成功运作的结果，必将拓展主业的发展空间，增强文化单位的生机与活力。

（三）投入与产出的关系

发展文化产业，要按照客观经济规律办事，存在投入与产出的关系问题。有投入，就应当有产出。一般说来，大投入则大产出，小投入则小产出，不投入则很难发展。投入是前提、是基础，产出是目标、是动力，二者的结合点在于市场。当然，投入与产出不一定成正比，市场风险客观存在。

投入、产出关系不顺的矛盾，在艺术院团和电视台中表现得比较突出。有的节目投入几十万元甚至上百万元，没演（播）出几场（次）就封存入库，完成任务就万事大吉。不管主观动机如何，这样做客观上是对资源的极大浪费。改革是唯一出路。艺术生产应该由围绕评奖转变为围绕市场。应充分发挥市场在文化资源配置中的基础性作用，整合、优化文化资源，调整布局和结构，以需求为导向，组织各项文化经济活动。以资本为纽带，盘活存量资产，加快资本运作，实现文化资产的保值、增值。深化文化企事业单位改革，运用多种经济手段激活其内部活力。无论是管理体制还是运行机制，都可以进行改革。进一步落实和完善文化经济政策，建立多渠道投资体制和有效的筹资机制。

（四）文化产业与高新技术的关系

当今文化产业蓬勃发展，是因为与高新技术融合。文化产业离不开高新技术，高新技术也需要文化产业。随着数字化信息技术的快速发展，人们对文化产品和项目高科技化的要求越来越高。要运用高科技手段改造、提升传统文化产业，开发新兴文化产业，不断提高文化产品的科技含量。大力推进文化产品和服务的多层次开发，加快数字化、网络化建设，使之成为向世界传播中华文化的最佳载体。对于新兴文化产业，也要运用高新技术来加强管理和引导。

要制定政策引导高新技术进入文化领域，不断实现科技创新。在文化生产、文化传播上可以借助网络等先进技术手段，开发新型文化项目。信息产业等有关部门要密切配合、相互支持。在引进技术的同时，加强自主研究开发，大力扶持具有民族特色的高技术文化产品。对于国产娱乐产品和电子软件产品的生产和推广，国家在税收、信贷等方面应当提供优惠政策。通过运用高新技术，文化产业与其他产业形成共栖、融合和衍生的良性互动关系，不断形成新的文化产业发展格局。

（五）文化产业与文化设施建设的关系

文化设施是文化产业发展的基础和平台。加强文化设施建设，可以为观众群的培育起到积极作用，可以为演出业、会展业、旅游业的发展打下良好的基础。国内不少地方利用文化设施改建、新建的机会，通过加强管理和转换内部机制，推动了文化生产和服务的产业化运作。要改善布局和结构，加强老少边穷地区和中西部地区文化设施建设，加强大众化文化设施建设。扩大农村基础设施的覆盖面，促进农民增加文化消费，拓展农村文化市场。鼓励社会力量兴办公共文化设施，政府在规划建设、土地征用等方面应当提供优惠政策。

文化设施建设应当与各地实际结合起来。各地有各自的经济基础、文化背景。文化设施建设要充分挖掘各地资源优势，分析市场行情，搞出特色，增强针对性。有条件的地方可以建立文化产业园区，加快孵化基地的建设，促使具有市场前景的文化产品和项目尽快产业化。也可以开发集休闲、娱乐、教育为一体的旅游度假胜地或文化风景区，通过举办各种文化活动，在向游客传播人类文明、展示先进技术的同时，促进文化消费，发展旅游经济。

（六）文化产业与文化中介组织的关系

文化中介组织不断壮大，是文化产业发达的一个重要标志。文化经纪机构和文化经纪人是发展文化产业的重要力量。大力培育文化中介市场势在必行。鼓励组建各级各类文化产业组织或文化投资公司，不断培育新的市场竞争主体。加快文化中介组织的改革和发展，促进有条件的中介组织重组改造。通过品牌和业务的收购、并购，在优势互补的基础上，组建和培育一批跨地区、跨行业的大型文化产业集团，实现强强联合，打造文化产业拳头产品。加快企业化改制，建立现代企业制度，努力进行市场运作。打破垄断，鼓励地方、民间的中介组织开拓国际文化代理和中介服务。

培养一支善经营、懂科技、会管理的人才队伍，是发展文化产业的关键环节。启动文化产业发展人才工程，加强对文化经纪人的业务培训，不断提高其文化艺术、市场营销、依法办事等综合素质。健全从业资格认定制度，规范经纪行为。充分调动高等院校、科研机构、国家基地的积极性，做到产学研一体化，培养各级各类专门人才。健全和规范文化行业组织，充分发挥其行业自律作用、桥梁和纽带作用，在维护当事人合法权益的同时，协助政府有关部门实施行业统计、指导和管理。

（七）文化产业与文化市场的关系

文化产业与文化市场密不可分，二者相辅相成，相互促进。没有市场的生产是盲目的生产，没有文化产业的大发展就不可能有真正意义上的文化市场的规范和繁荣。

摸清文化消费需求，提供适销对路的文化产品和服务，这对于文化产业的发展至关重要。因此要加大市场开发力度，探索多种经营途径和运作手段，大力推进集约化、系统化、网络化的文化产品营销服务，建设连锁经营和物流配送系统，尽快形成现代市场营销体系。

健全文化市场经营体系，完善文化市场管理机制，为文化产业的发展创造良好的市场环境。坚持综合执法，确保执法公正。严厉打击盗版，切实保护知识产权，促进文化创新。遵循文化市场发展规律，不断提高管理水平。

（八）文化产业与扩大开放的关系

随着市场准入程度不断提高，外资进入文化领域的进程不断加快。如何保护我国文化安全，使中华民族优秀文化在国际文化竞争中占据有利地位，这是中国特色社会主义文化建设的重要任务。

在利用外资发展文化产业的同时，要注意引进国外先进的文化管理方式和生产技术，注意利用国外优秀的文化资源并不断增强创新能力，注意抵御外来腐朽文化的不良影响。要制定政策，鼓励文化单位面向国际市场，发展外向型文化产业。积极实施"走出去"战略，在努力扩大优秀民族文化产品在国内外市场所占份额的同时，不断优化文化产品出口结构。大力培育和扶持有中国特色的文化项目和文化品牌，不断增强中华文化的海外竞争力和影响力。改革文化外贸体制，进一步放宽文化产品出口政策，下放权限，简化程序，鼓励国家、集体、个人参与国际文化贸易，对符合条件的应给予文化产品和服务的进出口权。鼓励国内文化中介机构在境外设立分支机构，积极开拓国际文化市场。

（九）文化产业与政策法规的关系

不断完善的政策法规，是文化产业健康发展的根本保证。而文化产业的发展会促进政策法规建设。在文化产业发展过程中，新情况、新问题层出不穷，根本的解决办法是加强政策法规建设。

一是政策配套问题。近年来，政府有关部门适应新形势的要求，积极实施行政审批制度改革，出台了一系列政策措施，降低了文化市场准入门槛，放宽了所有制限制，引导社会资本进入文化市场，培养了一大批具有较强实力的文化企业，促进了文化产业的发展。文化部和有关部门如何共同研究制定文化产业发展中长期规划，建立与全面小康社会发展目标相适应的文化产业统计指标体系，如何对民族文化产业实行差别税率政策和优惠信贷政策等，都是亟待解决的问题。

二是法制建设问题。如何加快文化立法进程，提高立法层次，如何构建中国特色社会主义文化法规体系，这些都是亟待解决的问题。应加强文化立法的可操作性和与其他法规的协调性，做到逐步与国际惯例、国际公约接轨。要研究制定文化产业发展资金管理办法、民族民间文化保护法、出版法、文化市场管理法、文化产业促进法等。通过制定公平、合理的市场规则，保护知识产权，依法管理各类文化产业。

（十）文化产业与文化体制改革的关系

文化体制改革是文化繁荣和发展的根本出路，也是文化产业发展的内在动力。文化体制改革的目的是解放文化生产力。

要有重点、全方位地推进文化体制改革。要加快文化行政管理体制改革，加快文化企事业单位改革，加快文化人事制度改革等。这些改革的目的都是革除影响文化事业和文化产业发展的体制性障碍。要挖掘文化事业发展中的商机。通过建立符合市场经济一般规律的管理体制和运行机制，实现理论创新、政策创新、体制创新、机制创新，进一步调动文化工作者的积极性、主动性、创造性，进一步解放文化生产力。通过文化体制改革，做到从源头上理顺各种关系，破除条块分割与行业壁垒，整合、优化文化资源，健全文化市场体系，加强宏观调控和依法监管，提高行政效率和服务水平。

党的十六大报告指出："中华文明博大精深、源远流长，为人类文明做出了巨大贡献。在当代中国人民的伟大奋斗中，必将迎来社会主义文化建设的新高潮，创造出更加灿烂的先进文化。"通过我们的努力，中国文化产业与发达国家文化产业之间的差距不但是可以缩小的，而且中国的文化产业是可以以强势产业的形象立足于世界文化之林的。只有当中国文化产业变得更先进，中国文化产业的本土优势才可以得到最大限度的发挥，中国的文化资源优势才可以被充分开发、利用，中国庞大的文化产品消费市场才能为中国文化产业所占领，中国文化产业才能成为国民经济发展的主导部门，才能成为出口创汇的支柱产业，才能使人们的精神文化生活需求获得最大的满足。

第六章

内蒙古文化资源整合及对策研究

内蒙古的文化资源丰富，具有一定优势，但文化资源的存在只能表明其具备潜在经济价值，如果不对文化资源进行合理开发与整合，就无法将文化资源优势转化为文化产业竞争优势。

第一节　内蒙古文化资源整合的意义

内蒙古的民族文化资源是由聚居的蒙古族、汉族、回族、鄂伦春族、鄂温克族、达斡尔族等民族在长期的发展中共同创造的，内容涵盖了民俗风情、语言文字和文物遗产等。内蒙古的多民族文化的多样性、独特性与丰富性等特征决定了对其文化资源的整合极为必要。文化资源整合的必要性与意义具体体现在以下几个方面。

一、文化资源整合是夯实文化产业发展的基础

由于经济、人才等方面的劣势，内蒙古的文化产业发展相对落后，必须找到文化产业发展的优势。内蒙古地处祖国北疆，汇聚了与邻邦国家相似而又形态各异的民族文化，经过长时间的积淀，形成了民族文化的精髓。因此，把握内蒙古的地方文脉、深入挖掘和提炼具有本土特色的民族文化有利于内蒙古在文化产业发展中发挥比较优势，通过对市场运作机制的激活，巨大的民族文化资源优势将会转化为强大的文化产业发展优势。

二、文化资源整合是支撑资源型文化产业模式的需要

根据发展策略的不同，文化产业的发展模式可分为资源型、创意型和制造型。创意型文化产业模式是以知识创造为典型特征的，体现了人力资本的决定性作用。由于内蒙古缺少优秀的创意人才与文化营销公司，难以通过创意型文化产业的发展与经济发达的地区展开竞争。此外，内蒙古本土的文化产品制造业不够发达，缺乏实力雄厚的相关企业，基础薄弱。资源型文化产业模式强调文化旅游的重要性，对技术和智力因素的要求相对较低。因此，综合考量内蒙古发展的实际情况及地域特色，资源型文化产业模式是当前内蒙古文化产业快速发展的有效策略。内蒙古拥有着极其丰富的、得天独厚的文化资源，如以草原旅游为代表的自然景观资源、以鄂尔多斯婚礼为代表的文化风情资源、以内蒙古歌舞为代表的文化艺术资源等文化资源蕴藏着巨大的开发潜能和竞争优势。如果使民族文化元素融入旅游产品，将增加旅游业的吸引力和附加值，进而有力支撑以文化旅游为代表的内蒙古资源型文化产业模式的发展与繁荣。

三、文化资源整合是提升内蒙古文化软实力的需要

文化软实力是现代社会发展的内在动力，是凝聚民族团结、激发民族文化创造力的重要源泉。文化软实力关系区域形象的塑造，更是区域文化产业发展的重要支撑。内蒙古的文化软实力和民族文化资源有着深刻的内在联系。科学、合理地开发与整合民族文化资源是提升内蒙古文化软实力、塑造新形象的有力举措。过去，由于内蒙古形象宣传不到位，人们对其印象只简单地停留在草原旅游上，事实上，这仅是内蒙古丰富民族文化资源当中很小的一部分。内蒙古民族文化资源有民间歌舞、民间戏剧、手工艺术、传统民俗等，内容丰富，形式多样，有很大的挖掘、创新、整合的空间。民族文化资源的整合、开发有利于打破人们对内蒙古的刻板印象，让人们更深入地了解内蒙古的民族文化，进而重新认识内蒙古，提升内蒙古的文化软实力。

四、文化资源整合是优化资源配置、盘活文化要素的需要

当前，内蒙古的文化企业管理总体来说以行业和部门为主，这在一定程度上限制了文化企业的资源配置，同时也存在着同质、同构的恶性竞争，不利于企业做大、做强。推进文化资源整合、重组，从根本上优化文化产业结构，有利于改变文化行业资源分散、重复建设、粗放经营的状况；整合、重组后的归口管理可以理顺国有文化企业的管理体制，提高对企业的管理效率，提高国有文化企业的影响力、传播力；以综合的有优势的文化企业特别是上市公司为核心，来整合单一、分散的企事业单位，能够将先进的企业管理理念、管理机制和管理模式进行传播、复制、推广，推动被整合单位建立健全法人治理结构，激发被整合单位的活力，进一步盘活国有文化资源。

五、文化资源整合是打通文化路径、让文化"走出去"的需要

内蒙古何以被国内外所了解、认同？道路只有一条，就是显示独特的文化。文化是递向外界的名片。内蒙古民族文化的异质性使其在世界文化中享有盛誉。这些文化体现了传统与特色，不但具有极其重要的价值，而且在对外交流中发挥着不可替代的作用。内蒙古素有"歌海舞乡"的美称，民族歌舞以优良的传统和浑厚的底蕴吸引着世界各国人民；内蒙古的地理结构复杂，地质史时代全、门类多、分布广、保存好，所以内蒙古素有"化石之乡"的美誉。这些不同的文化载体，承载着重要的对外交流使命。科学、有效地整合内蒙古的文化资源可以对外弘扬内蒙古的民族文化艺术，向世界展示中华文化的异彩纷呈，还可以促进与其他国家和地区的交往，深化友好关系。

第二节　内蒙古文化资源整合的可行性分析

一、具有多样性的文化资源迫切需要产业化整合

如果依据四分法将内蒙古的文化资源一分为四，可以分为历史文化资源、民间文化资源、自然文化资源和红色文化资源。历史文化资源就是先人在漫长的历史发展过程中开掘出来的体现中华民族精神、反映历史发展规律的文化资源，比如锡林郭勒盟正蓝旗的元上都遗址、鄂尔多斯市境内的成吉思汗陵墓。民间文化资源就是散落在民间的具有浓郁民间特色的各类文化创造形态，例如民间剪纸、脑阁、旱船、秧歌、东路二人台。自然文化资源主要指未经人工改造的、呈现原生态状貌的历史遗存。比如赤峰市克什克腾旗境内的世界地质公园。红色文化资源顾名思义，主要指现当代出现的、具有革命传统和教育意义的英雄人物、提炼出来的革命精神等，比如包头市达茂旗的草原英雄小姐妹。

如果依据二分法将内蒙古的文化资源一分为二，可以分为物质文化资源与非物质文化资源。物质文化资源就是静态化的、以物化状态为存在方式的文化资源。内蒙古有着丰富的物质文化资源，如嘎仙洞、萨拉乌苏文化遗址、后契勒陶力盖遗址、兴隆洼原始聚落遗址、赵宝沟遗址、夏家店遗址、城子山遗址、红山文化遗址、架子山遗址群、河套文化遗址、大窑文化遗址、庙子沟遗址、五当召、美岱召、延福寺、阿贵庙、普会寺、乌兰夫办公室旧址、辽庆州白塔、雅布赖山岩画、小余太阴山岩画、夏勒口岩画、乌兰察布岩画、辽上京遗址、元上都遗址、昭君墓（青冢）。

非物质文化资源就是动态化的、不是以固定的物化形态存在于世的文化资源，具体包括以下内容：① 传统生产与生活方式。生产习俗如游牧倒场、六畜饲养，围猎狩猎包括放鹰、放地箭、设陷阱等，特色捕鱼如兜网、叉鱼。② 居住习俗。住宅建筑有古列延式的蒙古包群、各类毡包、"介"字房、"蔓子炕"、斜仁柱、木刻楞、桦皮棚等。③ 特色饮食，包括烤全羊、手扒肉、全

羊汤、奶食品等。④ 社会民俗。特色婚俗有鄂尔多斯婚礼、察哈尔婚礼、科尔沁婚礼，待客礼俗包括请安问候、下马致敬、叩首三拜。⑤ 游艺民俗。游戏竞技包括摔跤、赛马、射箭等。民间歌舞包括乌力格尔、好来宝、鲁日格勒、扎恩达勒、黑熊搏斗舞、树鸡舞、依哈嫩舞等。⑥ 节庆民俗，包括兴畜节、打鬃节、狩猎节、马奶节、米阔勒节、敖包会、奥米那楞会等。

这些丰富的文化资源为内蒙古文化旅游的发展奠定了资源基础。为了精确掌握内蒙古的所有文化资源门类，2010年至2012年年初，内蒙古各相关厅局、文联、社科联、社科院共11个部门和单位参加了内蒙古文化资源普查工作。此次公布的文化资源普查结果凸显四大丰硕成果：一是经过普查，对内蒙古文化资源有了基本的、整体的梳理，大致摸清了文化资源家底、总量和规模，建立了内蒙古文化资源名录，共普查到内蒙古文化资源19个大项目的134427个具体项目，文化人才49892人，文化机构从业人员55833人。二是第一次对文化资源做了较为细致、切合实际的分类。经过专家组的多次讨论、论证，提出了包括19个大项目、400多个子项目的《内蒙古文化资源分类方案》。三是此次通过普查掌握的文化资源数量比以往了解的有所增加。内蒙古文化遗址由1.5万处增加到普查后的2.1万处，当代节日由100多个增加到普查后的549个，博物馆由2003年的26个增加到普查后的144个。四是解决了一些多年来说不清的文化资源数量问题。以往对蒙古族英雄史诗的数量有多种说法，这次普查将其确认为798篇（部），非物质文化遗产普查项目确定生产商贸习俗1182项，消费习俗1225项，人生礼仪237项，岁时节令177项，民间信仰736项，游艺、传统体育与竞技484项。

可以说，内蒙古的文化资源丰富，不仅有积淀深厚的历史文化（蒙元文化、辽文化、鲜卑北魏文化、北丝路文化等），还有独特的少数民族文化等资源。旅游业已成为内蒙古新的经济增长点、国民经济的重要产业和服务业名副其实的龙头，成为促进经济增长的动力产业。内蒙古丰富的资源是未来发展品牌形象的重要载体，面临进一步发展的机遇。面对如此宏大的文化资源，关键在于开发利用、有效整合，以满足人们对文化产品和服务的需求，从而提升产业素质，获得可持续发展。

二、政策推动了文化资源的整合

（一）国家相关政策红利

面临文化产业发展的机遇，党的十五届五中全会第一次正式提出发展文化产业，党的十七大报告提出提高国家文化软实力。2011年，国家旅游局发布了《关于进一步加快发展旅游业促进社会主义文化大发展大繁荣的指导意见》。2012年，文化部印发了《文化部"十二五"时期文化产业倍增计划》，明确提出要使文化旅游成为文化产业和旅游产业新的经济增长点和重要支撑，并将其作为本次倍增计划重点扶持的11个产业之一。2013年1月，《文化部"十二五"时期公共文化服务体系建设实施纲要》（以下简称《纲要》）提出，构建公共文化服务体系要以"政府主导、坚持公益""保障基本、促进公平""统筹城乡、突出基层""创新机制、强化服务"为指导原则，实现"到2015年，覆盖城乡、结构合理、功能健全、实用高效的公共文化服务体系初步建立，公共文化设施网络更加完善，服务运行机制进一步健全，服务效能明显提高"的总体目标。同时《纲要》为"十二五"时期的公共文化服务体系建设提出了具体的国家基本标准，并要求提高文化支出在财政支出中的比例，对于提升公共文化服务能力具有重要意义。

由此可见，振兴文化产业成为党和政府给予关注越来越多、表述越来越明晰、措施越来越具体的发展战略。

（二）内蒙古文化资源整合中相关政策的积极作用

2003年，《内蒙古自治区民族文化大区建设纲要（试行）》，明确了建设文化大区的总体目标和"九个一批"工程。围绕"九个一批"工程，全区12个盟市纷纷出招，各地像抓经济建设一样抓文化建设，力争走出一条事业与产业并举、特色与品牌双赢的文化产业发展之路。

2012年8月，《内蒙古自治区人民政府关于进一步促进文化产业发展的若干意见》（以下简称《意见》）出台。《意见》的主要目的是进一步促进文化产业发展，实现由民族文化大区向民族文化强区的跨越。《意见》在市场准入方面，鼓励非公有资本和外资进入政策允许的文化产业领域，在投资核准、资质认定、证照办理等方面同国有文化企业享受同等待遇，同时对投资兴办文化企业的，有关行政主管部门在政策许可范围内减少行政审批环节，简化审批手续，不得收取政策规定之外的任何附加费用。在资金支持方面，要求各级人民政府安排年度财政预算时，要逐年增加文化产业发展专项资金。自治区本级财政从2013年起，将自治区文化产业发展专项资金提高到3亿元以上，以后逐年增加，到2015年增加到5亿元以上。专项资金以项目补助、贷款贴息、保费补助、绩效奖励等方式用于培育骨干文化企业，构建现代化文化产业体系，促进金融资本与文化资源对接，加快科技创新和文化传播体系建设等。在税收减免方面，提出经营性文化事业单位转制为企业后，从注册之日起，在国家政策规定期限内免征企业所得税。另外，在土地使用、投资和融资等方面都有明显的政策倾斜。截至2012年年底，内蒙古已建成5家国家级文化产业示范基地、34个自治区级文化产业示范基地，在建21个自治区级重点文化产业园区，产生集约效应和规模效应。

（三）地方盟市相关政策推动文化资源整合

在自治区人民政府相关政策的引领下，"十二五"期间各地方盟市人民政府也积极出台政策以推进文化资源整合进程。

2015年，呼和浩特市出台了《呼和浩特市人民政府关于加快文化产业发展的若干政策意见》（呼政字〔2015〕40号），从市场准入、财政、投融资、土地、税收、人才、奖励7个方面制定了优惠政策。同时明确了自2015年起，呼和浩特市每年设立3000万元文化产业发展专项扶持资金。为进一步增强扶持资金使用效果，专门配套出台了《呼和浩特市文化产业发展专项资金管理暂行办法》。

阿拉善盟高度重视文化与旅游关联效应，多措并举促进文化产业与旅游产业融合，以推进把阿拉善打造成国际旅游目的地和创建全域旅游示范区的进程。各项举措从"旅游规划+文化""旅游节庆+文化""旅游景区+文化""旅游营销+文化""旅游特色商品研发+文化""队伍建设+文化""智慧旅游+文化""市场监管+文化"八个方面提出了翔实具体的方案。

巴彦淖尔市在"十二五"规划中提到，要突出发展文化产业，培育新的支柱产业。推进巴彦淖尔文化大市建设，深入挖掘农耕文明和游牧文明、边塞文化与内陆文化在河套地区聚集交融的独特资源优势，打造河套文化品牌，培育河套特色文化产业。以壮大河套二人台（爬山调）传统戏曲品牌为重点，加快发展文艺演出业。深入挖掘知青文化，汇聚生产建设兵团广大知青的河套情结，大力发展知青文化旅游。以推出弘扬河套文化和草原文明的影视剧为重点，发展广播影视业，逐步将影视剧拍摄基地打造成为闻名全国的旅游景区。集中力量发展文化创意产业，努力建设河套文化创意园等一批重要文化项目，完善基础设施，搞好功能配套，建设文化产业基地和集聚区。优化发展环境，建立有利于文化产业发展的环境和保障机制，制定促进文化产业发展的优惠政策。

可以说，"十二五"期间，从中央到地方，对于文化产业与文化资源整合的重视达到了前所未有的程度。

三、互联网技术的成熟支撑文化资源的整合

新媒体的发展，网络、云计算等的广泛应用，使每一个人都能在很短的时间内接触、发布和获取大量的数据和信息。大数据技术、大数据科学等迅速成为信息科学领域的热点问题，其发展得到了国家层面的支持，大数据时代已经到来。随着互联网技术的发展以及移动终端设备功能的不断完善，我国网民数量持续增加，互联网与传统经济的结合越来越紧密，网络新媒体的平台优势日益凸显。在智能终端快速普及、电信运营商网络资费下调和Wi-Fi覆盖逐渐全面的情况下，手机上网成为互联网发展的主要动力。这为文化产业资源的整合带来技术性突破。

随着互联网的快速发展，原有的行业规则逐渐被打破和颠覆，各行业都在努力探索新的商业模式，开辟新的市场空间。互联网对文化产业的改造和升级起关键作用，很多传统文化企业正在或已经与互联网结合。互联网已从图书出版、影视、游戏娱乐等各领域渗入文化行业，悄然改变传统文化产业。正如习近平总书记致首届世界互联网大会贺词中提到的，"当今时代，以信息技术为核心的新一轮科技革命正在孕育兴起，互联网日益成为创新驱动发展的先导力量，深刻改变着人们的生产生活，有力推动着社会发展"。可以说，互联网逐步主导文化产业的资源整合和发展，"互联网+文化"产业具有广阔的市场前景。

四、大型文化企业集团促进内蒙古文化资源的整合

"十二五"时期，内蒙古涌现出一批具有较强实力和竞争力的大型文化企业集团，如成立于2013年3月的呼和浩特民族演艺集团。这是隶属呼和浩特市人民政府的国有独资企业，注册资本2000万元，主要经营业务为艺术演出、演出营销、演艺文化衍生品开发和销售、剧场经营、广告业、文化教育咨询、文化活动策划、会展服务、文化产业投资。集团下属各剧院创作和积累了一大批舞台表演精品剧（节）目，先后创作并排演了晋剧《嘎达梅林》《满都海》《巡城记》《一钱太守》，二人台《洪湖赤卫队》《也兰公主》《花落花开》《万家灯火》，歌舞剧《昭君》《香溪情》《马可·波罗传奇》等经典作品，在全国艺术赛事中荣获多项大奖，包括"文化奖""梅花奖""荷花奖""五个一工程"等国家级奖项，在国内外的演出市场中产生了一定影响。大型民族舞剧《马可·波罗传奇》赴欧美驻演数百场，为内蒙古民族艺术走出国门树立了典范。

这充分说明了有影响力和带动力的文化企业集团是促进文化产业发展与整合的关键因素。如果各文化企业之间缺乏协调与合作，各自为政，孤立发展，使文化产业链各环节孤立、断层、不成体系，没有形成完整的文化产业链，就不能形成滚动发展的良性循环。由于内蒙古各盟市的文化产业发展还不够均衡，有条件的地区必须因地制宜地对文化产业内部资源进行整合，以骨干企业为纽带，推动跨地区、跨行业、跨所有制的兼并重组、资源整合，提升文化产业规模化、集约化、专业化水平，以打造知名品牌，提高国际竞争力。因此，通过大型文化企业集团对文化产业资源的整合可以实现文化由粗放经营型向集约经营型转变，加速国有文化资本向重要领域、关键环节集中。

第三节　内蒙古文化资源整合中存在的问题

内蒙古文化资源在开发过程中还存在一些问题，主要表现在以下几个方面。

一、文化产业的发展速度与人才供应不足之间的矛盾凸显

目前，内蒙古的文化产业正处于加快发展和转型升级的关键时期，投资需求大，热点领域多，从文化旅游产品到文化跨境电子商务的开发与建设都将飞速发展。这就需要大量的文化产业人才，而当前相关专业人才不足。电子商务的出现，逐渐弱化了文化产业中传统的中介机构的作用。比如，在线旅游已占据了传统旅行社的大量业务，导致现有的传统旅行社重新"洗牌"。这使传统旅游工作人员的待遇不能得到保障。而面对动态发展的在线旅游业务，高校培养的旅游人才却无力应对，原因主要在于高校的相关人才培养方向与文化市场需求脱轨。一些高校在人才培养过程中未能从市场需求的角度对科技发展趋势、时代发展要求和人才的需求特征有敏锐的把握，没有从学科特点和地区特色细化培养目标，而是对文化人才的培养做"全能型"的专业定位，脱离了"专业化"而大谈"复合"，脱离了时代背景大谈"高级管理人才"。事实上，社会所需要的"复合"是立足于特定行业和岗位的一技之长基础上的"复合"，文化人才是基于胜任基本工作的管理人才。人才市场入门的岗位首先需要的是"专"与"精"。那种大而全的全能性定位势必造成毕业生的知识与能力结构的分散性，导致毕业生"什么似乎都懂，而什么都不会"，技术、能力流于表面。

在变与不变、发展与不发展的进程上，相关人才的引导、激励、培养、储备成为现实问题。如果人才储备机制成熟，文化创意人才、电子商务人才、涉外导游人才、管理人才等大量涌现，甚至大量的复合型人才出现，将改变文化企业萧条的局面，解决文化资源整合的人才短缺问题。

二、产品结构单一，产业链条短，文化内涵挖掘不够

目前，内蒙古相同特色的文化资源因重复开发而区域特色不鲜明，文化产业的发展同质化较为严重，造成区域内竞争加剧。

以旅游文化资源的开发为例。目前，内蒙古多数地区的旅游项目属于资源依赖型，尚未形成产业集群，大多数采取依托文化旅游进行开发，并搭载民俗文化项目演艺和文博、文展的发展方式。这导致游客认为，草原旅游就是先看看草原，再骑骑马，然后到度假村去吃一顿手扒肉。事实上，内蒙古从东部到西部，不同类型的草原均具有深刻的文化内涵和极具吸引力的民俗。比如，呼伦贝尔市的大草原，赤峰市的红山文化，锡林郭勒盟的蒙元文化苑、浑善达克沙地，乌兰察布市的格根塔拉草原、辉腾锡勒大草原，呼和浩特市的昭君墓、大召寺、五塔寺，包头市的五当召、美岱召、秦长城，鄂尔多斯市的响沙湾、成吉思汗陵，阿拉善的胡杨林等，尽管各个景点均具有深厚的文化底蕴，但各自经营的现状难以实现文化互通、互融。这与实现草原旅游的文化传承功能、满足市场多样化需求的根本目的是矛盾的。就赛马而言，与马相关的产业要素有很多，但马文化并没有被充分挖掘出来。如目前让游客看马、骑马或喝马奶酒的活动只能让游客感受草原上有马、有骑马的传统、有制作马奶酒的工艺，这种体验在游客脑海中的记忆最终会变为一些简单符号，很容易被其他记忆冲蚀掉，并且也没有对与马相关的产业发展起到拉动效应。由于产业链条短，缺乏对这种草原非物质文化资源的深度挖掘，没有广泛拓展产业链，也就无法产生明显的产业拉动效应。

三、资源优势尚未转化为文化产业优势

内蒙古的一些文化资源的优势尚未转化为文化优势。以文化旅游资源为例，虽然一些景区在这方面取得了有益的突破，如成吉思汗陵旅游区，但从总体上看，目前开发的文化旅游产品大多数是传统低价的观光类旅游产品，有的产品从20世纪80年代中期推出后至今没有大的改进和创新，存在产品老化的问题。如乌兰察布市辉腾锡勒草原旅游区，是内蒙古旅游发展较早的地区之一。该旅游区于1978年建成第一个旅游接待点，到2010年年底，该旅游区成规模的

旅游接待点共12处，总投资达1亿多元，建成的接待游客的蒙古包1300多个，所有接待点共接待游客58.5万人（次），旅游营业收入1.05亿元。30多年来做的主要工作是进行景区配套基础设施建设，特别是景区道路。其旅游项目的设置基本上停留在看草原、骑马、吃手把肉、欣赏民族歌舞，还是小规模层次，客源市场的细分更无从谈起。旅游业产业结构依然不完整，还没有形成吃、住、行、游、购、娱完整的产业链，目前只是在吃、住方面发展较好，而在游、购、娱等方面发展滞后。

四、对民族文化资源缺乏总体规划，产业布局不合理

内蒙古拥有丰富的民族文化资源，诚然，有部分富有民族特色的文化资源形成了国内外较具影响力的文化产业，如昭君文化节、舞台剧《马可·波罗传奇》等，但总体而言，内蒙古丰富的民族文化资源开发程度尚浅。文物古迹、民间传说、文学作品等都没有得到很好地开发、利用。不仅如此，内蒙古文化资源中的人力资源、设施、交通、资本等方面的整合度有待提高，不同产品指向的市场整合更是薄弱环节，这一状况削弱了产品的竞争力。例如，呼伦贝尔市拥有知名度高的大草原、大湖泊、大森林、大民俗、大口岸等特色，但目前，呼伦贝尔市对外宣传促销的旅游景点集中在金帐汗部落、达赉湖旅游景区、红花尔基森林公园等部分重点景区中，而对于莫尔道嘎国家森林公园、牙克石的凤凰山庄等已初具规模的森林文化旅游景点宣传促销工作明显滞后。可以说，内蒙古文化产业与民族文化资源融合发展，其最终目的是使二者互补、共同发展，但从目前内蒙古文化产业与民族文化资源融合发展的状况来看，两者融合还存在一些问题。而且，旅游作为文化产业中一个较大的门类，与民族文化资源的整合力度不够，游人极少因内蒙古文化之深厚底蕴而来。最大的问题是自治区人民政府尚未制定内蒙古民族文化资源整合总体规划和文化产品项目库，尚未形成统一的产业体系。当前，内蒙古各个地方的文化产业组织小型化，对民族文化资源规划利用的深度不够，产业集约化程度不高。

五、文化产品粗糙，文化创意与科技创新不足

创意一直被公认为是文化产业的核心属性。创意是文化产业存在和发展的基础。文化产业就是一条以创意的产生、传输和消费为核心环节的价值链。内蒙古有着非常丰富的历史文物资源，其开发利用方式多数是在博物馆中静态展示，或者以旅游景观展示，这种仅依托旅游观光的开发利用渠道过于粗放，而相关衍生品的研发创意不够，文化产品形态单一，对老百姓的相关知识普及力度不大，人力资源优势不明显，更没有形成资源供给、产品研发、创意、生产展销、贸易的纵向一体化战略。传统的优势文化资源需要依靠新观念、新技术、新方法来整合开发，才能使传统走向现代，走向未来。由于内蒙古文化创意产业发展落后，文化产品很难具有高附加值。由此可见，内蒙古的文化产业发展需要从广度上整合文化资源，也需要从深度上整合文化资源，以增强区域文化产业的竞争优势。

当前，计算机、网络、多媒体等的应用，在文化产品的创意、制作、营销和整合等方面改变了传统的民族文化资源的传播方式，形成文化产品新的形象特色和品类。加大现代科技含量，对文化产品精雕细琢，才能使民族文化产品及其产业得以发展，形成产业形态。如果不注重通过一定的科技手段和媒介来开发民族文化资源，不加强对民族文化资源的评估工作，而是仅仅对其进行简单开发，容易造成民族文化资源在文化产业建设中的简单化、粗俗化。如果只注重短期的经济利益，依赖产品的粗制滥造实现低层次的竞争，会严重损害文化产业的可持续发展能力，大大削弱民族文化资源的可利用价值。例如，一些地区兴建了雷同的、毫无特色的民俗文化村，把民族文化生硬地转变成一种"表演文化""再造文化"。急功近利导致具有深厚内涵的民族文化粗俗化，有悖于文化的发展规律，也背离了文化产业的发展目标，无益于地方文化产业的发展与整合。

六、民族文化企业规模小，实力弱

文化企业是民族文化资源整合的主体。文化企业把大量社会资金注入文化领域，采用商业开发的组织运作方式、经营理念、经营模式等给文化产业的发

展带来新活力，促进了文化市场的繁荣。要实现民族文化资源与文化产业建设的进一步融合发展，就要依赖大批优秀的民族文化企业。由于民族文化资源独特的形态对运营资金、技术人才、经营管理等方面提出了更高的要求，因此，民族文化企业的发展任重而道远。内蒙古拥有实力雄厚的文化企业较少，尚未形成规模，以民族文化资源为主打品牌的文化企业更是少之又少。与内蒙古其他产业的龙头企业相比，文化产业的龙头企业规模着实太小。此外，内蒙古文化产业平均每个法人单位的从业人员与陕西省、河南省文化产业平均每个法人单位的从业人员相比仍有很大的差距。小公司、小制作、低层次运作、小环境发展、松散型管理使内蒙古文化产业难以实现规模化发展并形成市场优势和竞争优势，文化资源的整合进程步履艰难。

七、文化资源跨区域整合开发力度小

内蒙古地域广阔，长期以来依靠行政区划采取层级管理形式，文化资源的配置也高度地域化。这就造成了当前内蒙古各盟市之间的文化产业合作程度不高的现象，文化资源分散，缺乏整合造成行业间及产品间的关联度低，产业集聚化程度低，没有形成完整的产业链。近年来，文化产业的高速发展主要依赖体制改革对于文化生产力的释放和优惠政策的支持，地方政府在文化产业发展中起到了重大作用。但是，文化产业在受益于地方政府扶持的同时，也因资源的新一轮行政化配置而难以突破地域市场被分割的困局，造成重复投资、资源大量浪费。由于行政区划明显，产业链条太短，文化旅游、影视、出版、动漫、广告创意等行业间关联度低，没有形成全产业链。

第四节　内蒙古文化资源整合的对策

文化资源整合的意义就是各类社会文化打破空间障碍和思想障碍而在全社会范围内达成更多的共识与合作，是要通过组织和协调，把全社会彼此相关但彼此分离的文化资源整合成一个可以推进社会建设的大的文化系统。地方政

府、文化企业集团应该义不容辞地挑起促进公共文化资源整合与开发这一历史重担。内蒙古文化资源整合主要可以从以下几个方面进行。

一、扶持多样化整合模式

对于内蒙古文化资源的整合，应从宏观上关注处于不同状态且分布不均的各种软资源（如人力资源、市场资源、组织资源及知识产权资源）和硬资源（有形物质资源）有序地重组。通过整合上述元素形成可控的或可利用的资源集。内蒙古可以借鉴天津市、上海市等地区的文化资源整合经验。

（一）以文化产业园为平台的整合模式

文化产业园是以文化为基础、以产业发展为目标的综合性新型文化企业集合体，是文化产业发展的园区化、规模化的突出体现。要打破政府直接承办文化企业或文化产业园的传统观念和体制机制，在园区建设过程中引进现代企业管理理念，以充分运用市场经济优化配置文化企业资源，以文化龙头企业整合上下游产业链上的企业，以优惠政策吸引其进入园区经营，实现园区招商引资。在文化产业园内除了有专门从事文化产业的企业外，还应包括提供高技术支持的企业、金融及其他相关服务企业、文化产品生产制造企业、旅游机构以及信息咨询等中介机构。

（二）基于文化产业集群的资源整合模式

文化产业集群是在文化产业领域中，由众多独立而又相互关联的文化企业以及相关支撑机构根据专业化分工和协作建立起来的，并在一定区域集聚而形成的产业组织。一般意义上的文化产业集群包括文化产业链条上所有的上下游企业。文化产业集群包括文化产业的五大主体，即创意主体、制作主体、传播主体、服务主体和延伸主体。而文化产业的核心文化产业集群主要包括新闻出版业、广播电视业、电影业、娱乐业、艺术业、广告业六大产业。这六大产业的创意特征表现得非常突出。文化产业的外围产业集群主要包括文化旅游业、会展业、博彩业、竞技体育业等。文化产业的边缘集群主要是指文化产业集群的相关支撑机构，包括文化产业集群可持续发展所需的各类基础设施和配套机构。这些相关支撑机构的发展与完善保证了文化产业集群能获得可持续的深入发展。文化企业要通过创造品牌来完成产业链建设，形成主业突出、纵横发展、特色鲜明、差异化竞争的优势产业集群，形成研发、生产、流通、经营等诸多环节链接和产业配套，从而促进文化产业的转型发展和产业升级。要充分发挥文化产业的关联、带动作用，形成"上游开发、中游拓展、下游延伸"的完整产业链条，以此让相关的各种企业和产业形成联动效应。例如，在实现跨区域文化资源整合开发的背景下，要改变原有的仅以景观欣赏为主的文化旅游模式，通过文化产业链条的建立，让旅游、影视、出版、游戏等同步发展起来。

（三）基于"产商融"的资源整合模式

文化企业具有规模小、无实物资产等特征，文化产业和文化产品普遍存在版权资产价值评估难、认定难、交易难等问题，获取银行融资较为困难。内蒙古文化企业资源整合可借鉴日本的"产商融"模式，即产业、商业和金融相结合的财团模式，这种模式可以促进产业控制力增强，其核心企业是综合商社。日本的综合商社实际是一个投资型的综合贸易公司，它以贸易为平台，介入产业中，同时又有金融服务功能。但它与单纯的银行又不同，有投资银行的功能，又有对关联中小企业的融资功能，它不仅为关联的中小企业提供融资，还包销它们的产品。为解决文化企业融资难的问题，我国许多城市成立了文化产业投资公司，旨在通过资源整合实现集约化发展，创新文化产业投融资的服务方式，推动产业实现跨越式发展。

（四）全球视野的文化资源整合模式

全球视野的文化资源整合是本土文化资源与外来文化资源对接的发展模式。在经济全球化的大背景下，可自主开发本土文化资源，可在与本土文化资源协调、兼容的原则下引进外来文化资源。这就要充分考虑不同地区消费者对文化产品的需求和消费习惯，突出文化产品的特色，加强国内和国际市场开发，以积极实施"走出去"战略。通过加强与文化产业发达国家的合作，构筑全国性文化产业出口基地，这种方式可以实现文化资源的整合。

（五）文化产业网络资源整合模式

文化产业网络资源整合模式综合上述四种模式的特点，以业务流程为核心，整合文化产业网络资源。在集成化增值性整合传播的影响下，文化产业的产业链构成要素和运作模式发生变化，新的利润模式不断涌现。在网络出版、数字娱乐等领域实现集成化增值性整合传播，由此形成的数字化供应链冲击着陈旧的娱乐产业制作和发行系统。

在整合内蒙古文化资源的过程中，要注重培育具有核心竞争力的品牌，打造集群产业链。要充分发挥内蒙古的现有优势，精心打造科技含量高、产品附加值高、市场竞争力强、市场需求量大、产业关联度高的文化品牌产品。可考虑将影视剧产业确立为文化品牌创建的突破口，充分利用草原文化、昭君文化、蒙元文化等文化资源的知名度，系列开发独有的优质题材，深挖文化内涵，有计划地不断推出一批精品，培育一批能产生广泛影响的品牌，并通过品牌效应，打破地区、部门、行业界限，扩大关联度，形成向旅游、演出、传媒、会展、节庆、音像等行业全面扩展之势。积极借助品牌优势，逐步培育具有民族特色、具有一定规模和较强竞争能力、在国内外有较大影响力的文化产业集团，推进、调整和促进全区文化产业结构整体升级。

二、更新观念，强化区域间的协同配合

由于内蒙古各地区的文化和思想观念存在差异，发展不平衡，各地区的文化资源整合往往难以实现协调一致。这就要求各地区首先要树立大文化产业观念，统筹城市规划以实现共同发展。例如，可以广泛聚集各种社会资本，打破种种限制，放弃狭隘的意识，组建一些具有实力的大型文化企业集群。其次，要利用本地文化资源优势，制定合作发展的战略规划，开展文化产业的跨行业、跨地区重组。可以说，文化产业的发展是内蒙古实现经济一体化发展的重要组成部分，必须统筹规划，合理布局，遵循市场规则，重点发展一些有规模、有潜力的文化产业，如旅游业、会展业，借助这些产业拉动交通、餐饮、住宿和工艺品制造等相关产业的发展，实现多产业的联动发展。

以文化旅游资源整合为例。进行文化旅游资源开发时要注意区域间的资源整合，根据不同区域的旅游开发状况和资源特点，对其文化旅游资源给予不同的定位，优势互补、互为依托，避免文化环境背景混杂。比如，内蒙古文化旅游资源的开发可以整合为以下区域：呼和浩特—包头—鄂尔多斯—乌兰察布—巴彦淖尔区域，发展都市文化游、历史文化游、民俗风情游、黄河文化游、工业文化游；呼伦贝尔—兴安区域，发展草原生态文化游、森林湖泊文化游、边境文化游、冰雪文化游、民俗文化游；锡林郭勒—赤峰—通辽区域，发展草原

观光文化游、温泉度假文化游、地质奇观文化游、蒙辽红山文化游；阿拉善—乌海区域可以积极发展宗教朝圣游、航天科普游、丝路访古游、沙漠文化游。也就是说，只有完成不同地区间的资源整合，才能吸引更多的旅游者。

三、注重多要素跨界融合，产生直接、间接价值

文化产业是由多种要素融合形成的产业形式，能够创造直接价值，还能够通过为相关产业提供创意，赋予相关产业、产品文化内涵而创造间接价值。近年来，内蒙古互联网文化产业跨界融合不断发展，良好的产业生态系统正在形成。随着经济的发展，文化产业与设计、旅游、餐饮、制造、建筑等相关领域的结合日益密切。未来互联网文化产业的调整、重组和与科技、资本、周边产业等的融合将不断加深。内蒙古文化资源的整合要关注以下几方面内容。

一是文化产业与科技融合。文化产业是科技应用广泛、科技创新活跃的领域之一。内蒙古积极推动互联网与文化产业关键技术的研发、推广和应用，不断加强文化科技创新体系建设和人才培养等工作。互联网文化产业需寻求商业模式的创新和转型，推动产品内容创新、传播技术创新。

二是文化产业与资本融合。文化产业附加值高的特征吸引了众多投资者的目光，大量的资本和人力资源进入该领域。《文化部 中国人民银行 财政部关于深入推进文化金融合作的意见》，鼓励文化和金融有效结合，促进文化产业向规模化、专业化、集约化方向发展。政府为小微文化企业融资提供支持，其他领域的金融活动也逐渐适用于文化产业，包括股票融资、发行企业债、担保、抵押贷款和并购等。

三是文化产业与实体产业融合。2014年，国务院印发《关于推动文化创意和设计服务与相关产业融合发展的若干意见》，重点促进创意设计与装备制造业、消费品工业、建筑业、旅游业、信息业、体育产业、特色农业的融合发展，制定了一系列优惠政策，积极推动文化创意产业在优化产业结构、提升产品附加值、提高人们的生活品质、增强文化软实力等方面发挥了更加重要的作用。

四、政府牵头协同发展，统筹联动协同共促

对公共文化资源的整合和开发需要政府来协同促进。政府应牵头尽快建立公共文化服务体系协调机制，在规划编制、政策衔接、标准制定和实施等方面加强统筹、整体设计、协调推进。这些工作要求政府全面摸底本区域各类公共文化服务资源存量，研究和设计整合方案，以"公共文化服务资源整合工程"的形式对文化系统及全社会资源从组织体系、经费管理、资源配置、人员保障等方面进行深度整合，统筹推动跨部门、跨行政层级、跨区域组织体系共建共享、互联互通的建设工作。

对公共文化资源的整合工作可以从以下几个方面推进。一是增加公共财政的投入，加大对文化资源研究的力度。可以通过立项招标、课题立项申请、定向委托、组织专家研讨等方式进行前瞻性研究，并围绕当前实施、推进中的重点、难点进行研究，以保障公共文化资源的系统性、有效性和完整性。二是成立"地方公共文化产业促进中心"。可以推广北京市、广东省深圳市等地的做法，成立相应的行政机构，由文化主管部门牵头筹备，汇集规划、旅游、教育、经委、民政、财政、科委、文明办等部门，并邀请非政府的社会力量构成委员会，下设专家顾问委员来负责推进文化产业高速发展。三是建立文化产业相关的行业协会，强化文化资源系统整合。可以挂靠市公共文化产业促进中心，以文化产业各类企业为主，邀请高校和相关机构的专家、资深新闻媒体人士等参与，实行自下而上的自律性管理，成为政府和企业之间的桥梁。四是加大政府财政的投入，完善文化基金的功能。在对现有各种形式基金进行有效整合和开发的基础上，通过加大政府财政的投入，进一步加强对文化发展的管理。省（市）文化发展基金可以下设文化事业基金和文化产业基金。文化产业基金又可以下设文化产业发展投资基金、文化产业发展融资服务基金和文化产业发展政府扶植与奖励基金，全方位、多功能地发挥基金的作用。五是加大政府投入，实现公共文化服务均衡化发展。加大公共文化服务供给，可以丰富市民的精神文化生活，在一定程度上促进文化产业发展。政府可以在网点资源、设施配置、服务人群和服务内容四个方面投入以实现均衡化发展，从而形成以"政府主导、社会参与、多元投入、协力发展"为基本特征的现代公共文化服务治理格局。

五、文化资源的整合要注重突出地域特色

内蒙古文化资源整合要结合当地的实际情况，突出其独特性，强化其与众不同的地方。例如，内蒙古作为多个少数民族的聚集地，拥有大量具有特色的民族工艺品、节庆民俗与特色饮食。内蒙古可以依托独特的民族文化资源，借助旅游业的带动，通过演出、会展等的宣传，大力开发和拓展民族工艺品市场，实现民族文化产品的自主开发和市场化经营，逐步形成民族工艺品、特色饮食的生产、包装运输、展览销售"一条龙"的文化产业格局。

内蒙古地域辽阔，形成了形态各异、各具地方特色的文化。比如，在呼伦贝尔市、鄂尔多斯市、阿拉善盟等的十多个草原或沙原上，形成了民族特色鲜明的文化事象和社会习俗；在河套地区，土默川平原土地肥沃、气候温暖，适宜农耕，形成了农耕文化；在大兴安岭、小兴安岭，山高林密，野生动物繁多，那里的鄂伦春族、鄂温克族等少数民族具有狩猎文化。我们在进行文化资源整合利用的过程中，一要善于发现和挖掘本地域文化资源的特点，二要尊重差异，突出差异，从而在整合利用过程中突出鲜明的地域特色。

六、注重文化资源的整合利用

文化是一种软实力，是一种"慢功夫"，具有"润物细无声"的功效。文化资源的整合利用的最终目标是为当代社会服务。要给文化资源注入时代的元素，使其更加光彩夺目，起到为当今社会发展服务的作用。例如，阿拉善盟境内有一种古老的树种叫胡杨，它耐寒、耐旱、耐盐碱、抗风沙，具有极强的生命力。这些品质被当地人注入时代意义，更好地表现了阿拉善人自强不息、永远奋进、与时俱进的精神风貌。达茂旗草原英雄小姐妹的事迹对激励当代青少年热爱祖国、无私奉献的巨大社会意义也是无法估量的。因此，在文化资源整合利用的过程中，要综合考察文化资源的人文价值、历史价值与现实意义，应当把它作为一项系统工程去运作，要注重它的持久效应，这也是由文化资源的本质特点所决定的。

在文化资源整合的过程中要梳理和挖掘内蒙古少数民族中先进的文化价值理念。以蒙古族为例，蒙古族有其独特的价值判断、价值标准和价值理念。

传统的"逐水草而游牧"的生存方式，使人、牧畜和自然天然地形成一个"生态系统"。人是"生态调节者"，这使蒙古族敬畏自然、爱护自然，并由此孕育了保护生态、注重和谐的价值观。此外，自强不息、开拓进取、吃苦耐劳、豪迈刚健、兼收并蓄、崇尚英雄、注重诚信等价值理念都与社会主义文化建设要求的价值取向契合，是社会主义文化建设的需要。梳理和挖掘内蒙古少数民族中先进的文化价值理念，并使之继续成为能促进社会主义文化发展的思想动力，具有十分重要的历史意义和现实意义。

七、要以品牌取胜，形成文化精品

与我国东部文化产业较为发达的地区相比，内蒙古的文化产业建设明显处于劣势。要在劣势中崛起，内蒙古就要利用丰富的民族文化资源优势，将民族文化资源作为主打产业和优势产业，表现地方特色，打响品牌。对民族文化资源进行品牌化经营体现了文化产业的核心竞争力，更是其参与社会竞争并取得竞争优势的重要手段。因此，要科学评估可开发、可利用的民族文化资源，对丰富的民族文化资源进行挖掘和整理，提炼其精华，剔除其糟粕，在文化产业建设中融入民族文化元素，着眼于内蒙古民族文化资源和艺术品牌优势，集中力量重点开发独具特色的民族文化产品，打造焕发新生命力的民族文化品牌，以文化产业品牌建设带动文化产业集群崛起。

八、要有创意突破

文化创意产业是文化产业中的一个重要组成部分，依托于文化资源，以创意为核心，与各文化产业部门相结合，渗透到文化产业链的各阶段。文化创意产业开发是现代科技和社会发展的必然产物，位于文化产业链的高端，决定了文化产业的发展方向。它主要包括广播影视、动漫、传媒、音像、视觉艺术、表演艺术、服装设计和工艺设计等方面的创意群体，而这些创意群体恰好能与民族文化的特质有机结合。内蒙古拥有丰富的民族文化资源、得天独厚的自然条件，这是发展文化创意产业无与伦比的优势。例如，依托马业资源，内蒙古民族艺术剧院打造出我国首创大型马文化实景剧《千古马颂》，深深地吸引了众多中外游客，推动了文化与旅游的深度融合。还有唱响纽约、莫斯科等地的五彩呼伦贝尔儿童合唱团，让国内外观众在天籁般的童音中追忆童年、回归自然。大型舞剧《马可·波罗传奇》被选为文化部特色文化产业重点项目、"丝绸之路"文化产业重点项目、财政部2015年度文化产业发展专项资金项目，入选2015—2016年度国家文化出口重点企业和重点项目以及自治区文化产业重点项目。

九、要扩展产业链，延伸文化资源的空间

单一的产业系统发展潜力有限。如果能将文化资源的空间不断拓展，将有效实现文化资源整合。例如，在当前草原旅游中，包括蒙古族"男儿三艺"在内的很多草原非物质文化资源并没有得到充分开发利用，更没有形成各具特色的民族旅游社区或景区，所以草原非物质文化产业链的延伸空间还很大。事实上，"男儿三艺"中蕴含的技艺、技巧、比赛规则等都有一定的文化内涵，都可以有效地整合。如赛马活动会拉动马术的传授和培训，摔跤比赛可以拉动蒙古族摔跤服饰的生产。就骑马活动而言，它可以涉及养马、驯马、制作马具和马靴等多个产业元素。摔跤可以拉动摔跤技艺传承、摔跤服饰制作。射箭可以带动射箭技艺的传承、弓箭制作等产业的发展。通过有效整合，可以形成以草原文化旅游为核心，涉及更多文化元素的旅游产业体系，这对增加草原牧区的经济效益、促进民族产业发展具有重要意义。再如，当地居民可以到旅游景区中进行民族文化产品的制作，制作马具、摔跤服饰、弓箭等民族文化产品的企业也可与核心旅游景区实现互动。这不仅需要形成大草原旅游产业区，还需要形成"村镇即景区、草原即景区"的草原地域文化产业集群发展态势，将社区生活、景区运转、旅游接待与相关产业融为一体，将大旅游区内所有产业均纳入创意旅游产业发展中。在"大产业、大旅游"理念下，应拓展传统旅游边界，深度拓展涉旅要素体系，促进资源整合与产业融合，通过旅游业与农业、文化、体育等相关产业的融合，实现旅游产业链的侧向延伸。如果能够构建摔跤王之家、射箭专业旅游社区、马文化创意旅游村等"男儿三艺"文化创意旅游产业园区，就可能拉动养马、驯马、射箭技艺培训、射箭设备制作、摔跤技艺培训等多个相关行业发展，还可以在一定程度上拉动农牧业、加工制造业以及传媒等产业的发展。通过有效整合，应使游客在整个旅游体验过程中不是

"看到了草原文化"，而是"感受到了草原文化的内涵"。

十、政府要树立文化资源整合意识

促进内蒙古文化资源整合是文化服务体系建设中一个老生常谈的问题。总体来看，一方面，在公共文化服务体系中多头管理、业务重叠、重复建设、"孤岛"运行、资源分散等问题已得到一定程度的重视，但由于受传统行政体制机制的制约，文化资源的整合未能有效进行，目前仍处于以个案实践寻求解决之道的探索阶段；另一方面，对于如何整合体制内维护文化资源建设所投入的行政资源、人力资源、组织资源、资金资源以及如何盘活体制外相关资源缺乏研究和重视，投入高、产出低，社会效益低，效率、效能低下等问题亟待解决。文化资源的根本症结不在于资源匮乏，而在于如何对文化系统及全社会资源有效整合。

客观地讲，无论法律制定程序多么透明和科学化，本着"五个统筹"（统筹城乡发展、统筹区域发展、统筹经济社会发展、统筹人与自然和谐发展、统筹国内发展和对外开放）要求制定的法律还是稀有的。从法律上确立文化资源保护固然重要，但未必能够得到贯彻实施。因为，文化资源的保护问题涉及文化、环保、土地、建设、财政、税收、交通等相关部门的业务，并不是一部法律所能解决的，文化资源保护优先的原则只有贯彻到所有相关的法律法规中去，才有可能得到落实。例如，在城镇化加速发展阶段，城市开发与文化资源的保护不可避免地存在矛盾和冲突。由于城市发展中许多现实的经济、社会问题往往表现得更具有迫切性、短期性，而历史文化资源保护的效益则具有长远性和间接性，怎样使长远利益和近期利益得到维护成为日常管理的难题。因此，必须把文化资源保护和城市开发的目标有机地整合起来。

第七章

内蒙古文化产品跨境电子商务发展战略研究

　　内蒙古文化产业"走出去"是其顺应文化要素全球化的要求，主动利用国内外文化要素资源和文化市场实现文化产品和服务国际化的重大战略选择。近年来，我国跨境电子商务迅猛发展，已逐渐渗透国际文化贸易领域。跨境电子商务使文化产品在交易双方之间不再依赖传统的营销渠道，降低了从事跨境贸易的门槛和交易成本，缩短了运营周期。电子商务已成为对外文化贸易的重要增长点。从全球范围看，世界各国都在加快互联网经济和跨境电子商务的发展，积极抢占未来数据经济发展的"制高点"。在此形势下，内蒙古的文化产品需要大力发展跨境电子商务，这既是重大的挑战，又是难得的历史机遇。

第一节　内蒙古文化产品跨境电子商务发展环境分析

　　内蒙古文化产品跨境电子商务的发展是在政策环境、社会环境、经济环境、技术环境等要素完善、成熟、协调的基础上进行科学论证的结果。

一、政策环境分析

　　内蒙古乃至中国跨境电子商务近几年的蓬勃发展，在很大程度上得益于政策的宽松以及连续出台的数个支持跨境电子商务发展的政策文件。各项支持政策的密集出台，营造了跨境电子商务发展的良好环境。

（一）国家宏观政策

　　文化贸易是我国国际贸易的短板。近年来，为促进我国文化产品与服务走出国门，我国政府出台了一系列鼓励和支持文化产品及服务出口的优惠政策。2010年，《国务院关于加快培育和发展战略性新兴产业的决定》将电子商务产业确定为战略性新兴产业。2012年3月，《商务部关于利用电子商务平台开展对外贸易的若干意见》，对进一步增强我国电子商务平台的对外贸易功能、提高我国企业利用电子商务开展对外贸易的能力和水平提出了指导意见。同年，海关总署组织郑州市、上海市、重庆市、杭州市、宁波市开展跨境电子商务试点工作，积极探索小额跨境网上交易监管工作，同时在全国范围内开展了无纸通关模式，促进了国际贸易便利化。2013年10月，商务部出台了《商务部关于促进电子商务应用的实施意见》（以下简称《意见》），明确提到要鼓励电子商务企业"走出去"，要支持境内电子商务服务企业（包括第三方电子商务平台，融资担保、物流配送等各类服务企业）"走出去"，支持区域跨境电子商务发展。《意见》还提到了中西部地区可因地制宜，创新电子商务应用与公共服务模式，要重点结合本地区特色产业的发展需求，发展行业领域电子商务应用，吸引和支持优秀电子商务企业到中西部地区设立区域运营中心、物流基地、客服中心等分支机构，与电子商务平台企业对接销售中西部特色商品。2015年1月，《国家外汇管理局关于开展支付机构跨境外汇支付业务试点的通知》在提高单笔业务限额、规范试点流程、严格风险管控等方面积极促进我国跨境电子商务的发展。2015年3月5日，在第十二届全国人民代表大会第三次会议上，国务院总理李克强作政府工作报告。报告中多次强调电子商务，提出了要鼓励电子商务创新发展，要加快电子商务等新议题谈判，并将跨境电子商务单独强调，表示要鼓励进口政策，增加国内短缺产品进口，扩大跨境电子商务试点。2015年4月，《国务院关于改进口岸工作支持外贸发展的若干意见》中要求支持跨境电子商务综合试验区的建设，由国家发改委和海关总署牵头启动的国家跨境电子商务服务试点也在不断扩展。2015年6月，《国务院办公厅关于促进跨境电子商务健康快速发展的指导意见》（以下简称《指导意见》），《指导意见》在海关监管、检验检疫、进出口税收、支付结算等多个方面提出支持跨境电子商务发展的有力举措，旨在促进我国从"世界工厂"转变为"世界商店"，实现我国从贸易大国到贸易强国的转变。在2016年政府工作报告中，国务院总理李克强对跨境电子商务寄予厚望，提出"要从战略高度推动出口升级，扩大跨境电子商务试点，鼓励商业模式创新，促进外贸综合服务企业发展"。2016年7月，国家税务总局修订并发布《出口退（免）税企业分类管理办法》，提出要支持外贸综合服务企业在跨境电子商务生态圈中的平台作用。

在此背景下，各地政府纷纷出台跨境电子商务扶持政策。例如，北京市授牌多个跨境电子商务产业园，打造跨境电子商务产业链体系；杭州市建立中国（杭州）跨境电子商务综合试验区，推动杭州跨境电子商务快速发展；大连市建立中国（大连）跨境电子商务综合试验区，探讨"政府主导、企业运作"新模式；西安市启动跨境贸易电子商务信息服务试点，使西安走向无国界贸易。可以说内蒙古自治区的文化产品走跨境电子商务之路面临良好的发展机遇，这与国家的相关政策红利紧密相关。

（二）内蒙古出台优惠政策助力跨境电子商务发展

跨境电子商务的快速发展与强有力的区域政策支持密切相关。在中央政府制定出台指导跨境电子商务健康快速发展的利好政策下，内蒙古也出台了配套措施，细化了中央支持政策，努力积累跨境电子商务发展的先发优势。

2014年12月31日，《内蒙古自治区人民政府关于印发加快电子商务发展若干政策规定的通知》，对加快电子商务管理体制改革及提供土地、财政、金融、税收等政策支持方面做出具体规定，并落实有关责任单位。内蒙古还针对加快电子商务发展出台了一系列税收优惠政策。自治区人民政府规定，如果企业以《西部地区鼓励类产业目录》中规定的产业项目为主营业务，且其主营业务收入占企业收入总额的70%以上，经认定，可享受按减15%税率征收所得税的优惠政策。对电子商务企业交易平台为开发新技术、新产品、新工艺产生的研究开发费用，未形成无形资产计入当期损益的，在按规定据实扣除的基础上，按研究开发费用的50%加计扣除；形成无形资产的，按照无形资产成本的150%摊销。此外，内蒙古自治区人民政府积极培育并鼓励具备条件的电子商务企业及相关服务企业申请高新技术企业和软件企业认定，被认定的企业按照国家相关政策规定享受税收优惠；强调符合条件的自建跨境电子商务销售平台的电子商务出口企业、利用第三方跨境电子商务平台开展电子商务出口的企业，适用国家有关跨境电子商务零售出口税收政策。

2016年，《内蒙古自治区人民政府办公厅关于发展跨境电子商务的实施意见》（以下简称《实施意见》）出台。《实施意见》强调，内蒙古将按照"建立机制、市场运作、培育企业、构建园区、政策扶持、创新发展"的总体思路，大力发展跨境电子商务业务，积极构建专业化跨境电子商务发展、传统外贸企业升级转型、第三方跨境电子商务平台建设同步推进，境内外电子商务服务企业互动发展的跨境电子商务发展格局。同时明确指出，积极创造条件重点发展 B2B 模式的跨境电子商务，建设跨境电子商务园区，积极争取设立跨境电子商务综合试验区，推进外贸营销手段创新，促进内蒙古对外贸易稳定增长和转型升级。《实施意见》还明确，要支持有条件的企业建设境外服务网点或依托电子商务服务企业通过一般贸易等方式出口后，再根据网上订单销售给境外消费者，构筑一般贸易+电子商务运营的模式，推动企业间的跨境电子商务交易（B2B），从而逐步发展具有内蒙古特色的专业型外贸电子商务服务平台，建立完整的跨境电子商务服务体系。

上述内蒙古自治区人民政府出台的各项利好政策，为内蒙古自治区文化产品跨境电子商务的发展提供了优越的政策支持。

二、社会环境分析

内蒙古的文化产品走跨境电子商务之路迎来了良好的发展机遇，这主要体现在全球一体化市场的形成上。在经济全球化的浪潮下，世界越来越被连成一个整体，全球贸易加速发展，全球市场已然形成。随着国际间的交往与合作不断加深，关税和非关税贸易壁垒逐渐被打破，自由贸易协定陆续出台，交易成本逐渐降低。我国与其他国家贸易往来和经济合作的不断加深为跨境电子商务的发展提供了广阔的空间。

当前"一带一路"倡议是文化外交的机遇，也是大力推进我国文化"走出去"的良好机会。历史上，我国"丝绸之路"实现了与其他国家的互联互通，推动了沿线各国经济、文化的交流和发展，促进了不同文明的对话和沟通，在人类历史上写下了灿烂的篇章。如今，"一带一路"倡议实际上是现代版的互联互通。其实质是借用"丝绸之路"这一历史文化符号，赋予和平发展、合作共赢的新时代主题，倡议沿线各国大力加强经济文化交流，发展经济合作伙伴关系，共同打造政治互信、经济融合、文化包容的利益共同体、命运共同体和责任共同体。"一带一路"倡议是新时期我国统筹陆海开放、协调东西开放，深化与"一带一路"沿线国家经贸、人文、科技、生态等多领域合作、交流的形象概括，是对"丝绸之路"精神的传承与发扬。因此，"一带一路"倡议的逐步推进，将为内蒙古的文化产业"走出去"开拓广阔的空间。

内蒙古自治区地处中国北部，既是我国少数民族自治区，又是我国向北开放的重要前沿。沈阳市、大连市、满洲里市、呼和浩特市、哈尔滨市等地的海关，启动了区域通关一体化改革，形成一个可以覆盖辽宁省、黑龙江省、吉林省和内蒙古自治区四个省（自治区）的海关通关一体化管理机制和运行模式。而这样的管理机制和运行模式更能发挥内蒙古自治区连接俄罗斯以及蒙古国的地理优势和区位优势，进一步加强和完善我国东北四省（自治区）对俄罗斯、蒙古国的铁路区域网络通道，进而推进北京—莫斯科的欧亚高速公路运输走廊的建设，这使包括内蒙古自治区在内的东北区域成为向北开放的桥头堡。在这样的机遇下，跨境电子商务作为和其他国家贸易往来的新趋势，不仅有利于内蒙古自治区本土企业创造品牌，还能吸引境外很多的企业参与。据不完全统计，2015年内蒙古自治区跨境电子商务发展迅速，已经成为自治区对外经济贸易的有力增长点。

内蒙古自治区积极融入国家"一带一路"建设，发挥草原"丝绸之路"起点城市和枢纽城市的作用，加强区域间经贸文化交流合作，不断扩大草原"丝绸之路"经济带的影响力。《建设中蒙俄经济走廊规划纲要》中曾提到要加强旅游、物流、金融、咨询、广告、文化创意等服务贸易领域的交流合作；推进信息技术、业务流程和技术外包，开展软件研发、数据维护等领域合作。内蒙古自治区只有紧紧把握国家深化中俄、中蒙战略的合作机遇，才能把内蒙古自治区打造成面向俄蒙欧、服务区内外的双向桥头堡和国际合作交流中心。

此外，中央关于供给侧结构性改革，"大众创业、万众创新"，京津冀协同发展等决策，为内蒙古文化产品跨境电子商务的发展提供了巨大空间。

三、经济环境分析

跨境电子商务是消费时代的产物，回应了消费者追求更高质量生活的需求。当今社会，消费者的需求已经跨越了国界。对于进口文化产品，我国消费者的消费能力和人均消费水平不断提高，对生活品质的要求也不断增强，国外的优质产品给我国消费者提供了更多的选择。对于出口文化产品，我国文化本身在国外就有良好的口碑与吸引力，外国人青睐我国的文字篆刻、书画、影视剧以及文学艺术等作品，从网上购买既方便又优惠，选择也更多样化。内蒙古发展文化跨境电子商务，是基于对进口电子商务消费者与出口电子商务消费者双向分析的基础上提出的科学设想。

（一）进口电子商务消费市场整体分析

从全国范围来看，我国目前有超过10亿网民，其中有超过1亿的网上购物者。这些网上购物者会充分利用互联网来甄选产品进行消费，他们在网上购买服装、鞋类、书籍、音乐和电影等产品。

内蒙古社会生产力的发展为进口文化跨境电子商务奠定了物质基础。"十二五"期间，内蒙古的综合经济实力显著增强：地区生产总值由2010年的1.17万亿元增加到2015年的1.8万亿元，年均增长10%；人均生产总值由7070美元增加到1.15万美元，居全国前列。一般公共预算收入由1070亿元增加到1963.5亿元，年均增长12.9%；一般公共预算支出由2273.5亿元增加到4352亿元，年均增长13.9%；累计完成固定资产投资5.2万亿元，是"十一五"时期的2.6倍，年均增长18%。经济的腾飞促进了公众对文化娱乐需求的增长，尤其对高质量、安全、多样化的文化商品的需求更加旺盛，消费对经济增长的促进作用日趋明显。

跨境电子商务进口扁平化的线上交易模式减少了多个中间环节，使海外产品的价格下降，还能够提供更多符合消费者偏好的商品。

（二）出口电子商务市场整体分析

分析目的地国家的消费者对文化产品的购物需求、购物品类偏好与跨境购物的频率等因素，对内蒙古自治区制定相应的策略有不可低估的作用。内蒙古自治区跨境电子商务的出口国家主要有俄罗斯、蒙古国，随着"一带一路"倡议的落实，今后还将惠及更多的沿线国家。

2019年俄罗斯网购平台"奥松"首席执行官舒尔金称，俄罗斯的网民已达9500万人。俄罗斯电子商务市场迅速增长。为解决物流配送问题，俄罗斯各大电子商务平台近年来加大了对基础设施的投资。中俄两国电子商务企业合作日益密切。而蒙古国的国内经济相对落后，非常注重各类产品的进口。为了发展蒙古国的经济，蒙古国政府采取了一系列措施积极发展对外贸易、旅游和文化产业。目前，中蒙俄跨境电子商务文化市场规模尚未达到最佳，发展空间巨大。

可以说，跨境电子商务是在世界市场范围内配置资源的重要载体。根据商务部统计，目前我国跨境电子商务企业已经超过60万家。在传统外贸条件下，出口商品需要通过层层供应链到达消费者手中，制造商的利润被多重环节稀释。在跨境电子商务模式下，国际贸易供应链更加扁平，一些中间环节被弱化甚至被替代，这部分成本可以转移出来成为生产商的利润和消费者获得的价格优惠。因此，跨境电子商务通过缩短国际贸易产业链，可以产生扩大企业利润空间、增强国际市场竞争力和提高终端消费者福利的效果。

四、技术环境分析

传统的国际贸易流程要经过19个环节，电子商务使国际贸易的流程环节减少到7个，节省了10%左右的成本。跨境电子商务成本节约为消费者带来实惠，有利于文化产品的市场拓展。

跨境电子商务克服了传统文化企业人工操作的许多问题，不仅可以为文化消费者提供突破时空界限的全天候、跨地域的资讯服务，还可以提供专业的翻译工具和翻译服务，使语言差异不再成为一种障碍，还利用第三方权威认证，保障了服务信誉问题；最重要的是跨境电子商务提供的产品具有价格竞争力，能给消费者带来实惠。B2C、B2B、C2B、B2E这些文化产品电子商务运营模式能将文化产业高关联化，把众多的文化产品供应商、中介商、消费者联系在一张大网中，还可以将原来市场分散的利润点集中起来，实现了银行、中介商、文化产品生产者、消费者四方的共赢局面。

目前，越来越多的消费者更喜欢利用移动设备进行跨境网上交易。微信购物平台、淘宝手机移动客户端等移动交易平台不断发展，成为跨境电子商务发展的重要设备支撑。可以预见，交易设备的不断升级必然带来我国跨境电子商务的不断升级。

如果说跨境电子商务要"登台唱戏"，那么，这个舞台就是由各种电子商务平台搭建的。跨境贸易的快速发展离不开国内外电子商务平台的推动。目前，在我国，为企业提供跨境电子商务服务的平台包括eBay、速卖通、敦煌网等。此外，以大数据、云计算、物联网等为代表的新型信息技术的发展，深化了数据的存储和挖掘能力，可以深度分析买主的购买行为，包括购买商品的数量、品类等，通过更加精确的筛选，加大供需双方的匹配度，从而有力地推动文化产品"走出去"，促进文化企业的转型升级。

第二节　内蒙古文化产品跨境电子商务的发展现状研究

内蒙古自治区外接俄罗斯、蒙古国，内邻八省区，是我国向北开放的重要前沿。作为内蒙古自治区首府的呼和浩特市在我国对外开放合作的大格局中处于十分重要的地位，承担着重要责任。扩大向北开放是一项长期而艰巨的任务，而在电子商务发展如火如荼的今天，发展跨境电子商务、努力开拓国际市场显得尤为重要。按照打造西北地区最大的跨境电子商务区域中心和面向俄罗斯、蒙古国的商品集散中心的目标，呼和浩特市应不断加快通关便利化改革，积极推动跨境电子商务发展。

为了积极推动自治区跨境电子商务的跨越式发展，内蒙古自治区人民政府、商务厅等大力推动建立跨境电子商务园区，为跨境电子商务企业提供通关、检验检疫、结汇、退税等"一站式"服务，进一步提高跨境电子商务货物的通关效率；继续加大政策宣讲力度，积极引导企业开展跨境电子商务活动，在培育、引导企业方面给予政策和资金上的支持；支持有条件的盟市上线运营海关总署跨境电子商务通关服务平台，申报建设跨境电子商务综合试验区；继续鼓励企业借助国际主流电子商务平台（如亚马逊、eBay）和国内外贸电子商务平台（如阿里巴巴、大龙网、敦煌网）开展跨境电子商务业务，并在资金上予以支持；鼓励企业加强自身的实力建设和品牌培育，将传统的贸易模式与跨境电子商务相结合，在境外建立营销网络和海外仓；鼓励高等院校、科研院所、社会培训机构为跨境电子商务企业提供专业技术培训和职业教育。

经过不懈的努力，内蒙古积极探索文化产品跨境电子商务之路，已取得了初步成果，其主要表现在以下几个方面。

一、跨境电子商务基础建设已初具规模

内蒙古已出台相关政策，鼓励企业根据经营规模和产品特点自建跨境电子商务销售平台，以开拓国际市场，推动专业化跨境电子商务的发展。2016年，内蒙古培育了一批跨境电子商务示范企业，对跨境电子商务贸易实行出口退（免）税分类管理，以提升对跨境电子商务企业的服务质量，引导外贸转型升级示范基地与跨境电子商务示范企业对接，促进当地优质品牌商品销往海外。据内蒙古商务厅统计，截至2017年一季度，内蒙古企业自建跨境电子商务平台40个，其中，主要开展对俄罗斯、蒙古国进出口业务的跨境电子商务平台19个，且这19个平台在2017年一季度实现进出口商品交易额为9192万元，直接或间接促进进口额为3731万元，促进出口额为5461万元。这为内蒙古的文化产品"走出去"奠定了坚实的基础。

二、跨境电子商务出口国家以俄罗斯、蒙古国为主

内蒙古自治区位于中国北部边疆，毗邻俄罗斯、蒙古国，是中国向北开放的重要前沿，在中国同俄罗斯、蒙古国外交和合作的大格局中处于十分重要的地位。在"一带一路"倡议中，内蒙古自治区的主要"功能"是扩大向北开放，深化与俄罗斯、蒙古国的合作，开展双边贸易是深化合作的重要内容。俄罗斯、蒙古国是内蒙古自治区重要的贸易伙伴，内蒙古自治区与这两国的贸易额占接近全区贸易总量的一半。内蒙古自治区开展对俄罗斯、蒙古国的跨境电子商务贸易具有得天独厚的地缘优势、政策优势。跨境电子商务正逐渐成为内蒙古自治区对俄罗斯、蒙古国贸易新的经济增长点。

内蒙古的农产品、羊绒制品等重点出口商品已在境外占据一定市场，基本具备利用第三方平台或自有平台开展跨境电子商务业务的条件。区内具有一定经济实力的居民对境外商品的需求较为强烈，期望足不出户就能购买到货真价实、物美价廉的境外商品。而俄罗斯、蒙古国的网络环境正在逐步完善，网购人数逐年增多，网购习惯逐渐养成，企业与个人对电子商务的需求日益迫切。所有这些成熟的条件决定了发展文化产品跨境电子商务势所必然。

中俄蒙跨境电子商务项目依托呼和浩特国际机场、满洲里口岸、二连浩特口岸对俄蒙的地缘通道优势，以物流为基础，以跨境电子商务为平台，以金融服务为纽带实现对跨境电子商务全流程的供应链服务，为中蒙俄提供集物流、商品体验、互联网金融"三位一体"的国际贸易服务新模式，从而打造集"俄蒙通"专线物流、"商品体验交易平台""互联网金融平台""跨境电子商务企业加速器"于一身的中蒙俄现代商务服务平台。该项目通过"四通""六仓"、线上、线下全流程供应链管理，成功打造O2O商业模式，将物流、信息流和资金流高效融合。"四通"即空中通、陆地通、网上通和金融通。开通航空物流专线，首期开通首尔—呼和浩特—乌兰巴托、呼和浩特—叶卡捷琳堡的全货机航线，打造空中物流走廊；开通行邮集装箱，在满洲里市、二连浩特市铁路口岸利用中俄国际列车加挂国际行邮车；吸引电子商务入驻，利用物流通道优势整合对俄蒙跨境电子商务平台；申请第三方支付业务，全面打造金融服务平台。"六仓"即呼和浩特保税仓、满洲里边境仓、二连浩特边境仓、北京展示仓、蒙古国海外仓、俄罗斯海外仓，这不但可以展示境内外的优质商品（包括内蒙古的特色产品），实现线上、线下互动，而且可以用于货物的仓储。目前，1600平方米的监管仓库已改造完毕。

内蒙古自治区电子商务业界普遍将俄罗斯、蒙古国视为非常有前景的海外市场，积极搭建跨境电子商务平台。2014年8月，中蒙首家跨境电子商务城市商店上线运营，成为蒙古国访问量非常大的购物网站。在面向俄罗斯的电子商务方面，满洲里市"神灯路速贸"服务平台已上线，包含八大商品类目、超过1000种商品。"宝泰商城""大山商贸"等俄罗斯特色商品进口平台也纷纷上线运营。2017年，全区已上线运营并取得进出口实效的跨境电子商务平台有19个，实现进出口商品交易额9192万元。内蒙古自治区的文化产品"走出去"应首先锁定俄罗斯、蒙古国市场，然后以此为契机，向"一带一路"沿线国家深入。

三、跨境电子商务平台已良性运营，但文化产品交易尚不普遍

内蒙古自治区跨境电子商务平台主要集中在呼和浩特市、包头市、满洲里市和二连浩特市，重点面向俄罗斯和蒙古国。截至2015年年底，已上线运营的5个跨境电子商务平台分别是"城市商店""中俄跨境电子商务""内蒙古跨境

淘电子商务""站赤跨境O2O电子商务""阿蒙芭芭"。它们的主营产品包括数码产品、服装、家电、母婴用品、时尚家居、工程机械、建材等，主要交易模式为B2B和B2C。此外，截至2015年年底，内蒙古还有50余家企业利用第三方平台开展跨境电子商务业务，集中在呼和浩特市、包头市和赤峰市。一些企业依托"阿里巴巴""敦煌网""环球资源""中国制造""天猫国际""亚马逊"等跨境电子商务平台开展业务，交易商品以羊绒制品、籽仁等商品为主，主要开展B2B和B2C模式的跨境电子商务业务，货物出入境的方式与渠道包含传统的一般贸易模式出口和国际邮政包裹等。出口的国家有加拿大、美国、印度、韩国、澳大利亚、意大利、德国、印度尼西亚等。但是，文化产品的交易尚不普遍。

四、产业园区建设基本成熟

为促进跨境电子商务的发展，内蒙古依托口岸和海关特殊监管区，已建设一批跨境电子商务园区。全区有跨境电子商务企业入驻的各类园区十余个，包括保税物流中心、物流园区、电子商务园区、云计算产业园区、创新创业孵化基地等。内蒙古培育和引进一批电子商务服务企业，为跨境电子商务企业统一办理报关、检验检疫、结汇和退税等业务。鼓励传统货运代理、物流等企业拓展跨境电子商务服务业务，为广大中、小型跨境电子商务应用企业提供仓储和配送等服务。内蒙古遴选了一批国际物流、快递等企业与跨境电子商务园区进行业务对接，为入驻园区的跨境电子商务企业提供国际物流服务。内蒙古已展开相关工作支持有条件的跨境电子商务服务企业建设境外商品公共服务平台，为中、小型跨境电子商务企业提供代理运营、营销、客服、仓储、配送、售后、技术支持、数据服务、法律咨询、知识产权咨询等服务。

例如，呼和浩特经济技术开发区金川工业园区是内蒙古重要的电子商务产业集聚区，其中有内蒙古电子商务产业园。该产业园电子商务发展水平已达到全区领先，基本形成一个特色和优势突出的电子商务产业链。园区努力打造"一个基地、六个中心"，为自治区及呼和浩特市电子商务的发展和经济结构优化升级提供强大的支撑。"一个基地"即将内蒙古电子商务产业园打造成为国家电子商务示范基地；"六个中心"即将内蒙古电子商务产业园打造成为区域性电子商务培训孵化中心、呼（呼和浩特市）包（包头市）鄂（鄂尔多斯市）电子商务物流分拨配送中心、内蒙古民族特色产品网络销售服务中心、传统产业电子商务应用推广中心、社区便民电子商务服务中心、对蒙对俄跨境电子商务运营服务中心。也就是说，金川工业园区要依托内蒙古边境线长、口岸数量多的优势，发挥产业集聚及保税功能区的优势，通过双边贸易协定的方式，以双方海关、邮政部门等多部门协作为纽带，实行中外合作运营产业园及跨境公共服务平台的模式，构建跨境电子商务服务产业链。

五、跨境电子商务品牌已培育成型

近几年，内蒙古一直积极培育跨境电子商务经营主体并提供相应的保障措施。例如，支持企业开展跨境电子商务业务；推进企业利用国内外知名第三方跨境电子商务平台开展业务；鼓励企业根据经营规模和产品特点，自建跨境电子商务销售平台；培育和引进一批电子商务服务企业，为自建平台企业、电子商务应用企业统一办理报关、检验检疫、结汇和退税等业务。内蒙古培育了跨境电子商务示范企业，遴选了一批具备跨境电子商务业务基础、组织体系健全、辐射作用强、诚实守信的企业参与跨境电子商务，加强跟踪指导，以引导外贸转型升级示范基地与跨境电子商务示范企业对接，促进内蒙古优质品牌商品销往海外。同时，积极培育跨境电子商务进口企业，推动全区跨境电子商务进口业务的开展，合理增加消费品进口。

内蒙古已培育成型的跨境电子商务品牌之一是"内蒙古跨境淘电子商务"。这是赤峰市首个跨境电子商务品牌，是由赤峰跨境淘电子商务有限公司与沈阳铁路局赤峰铁发商贸集团有限公司联合开展的建设项目。项目整体投入资金5000万元，运行后成为内蒙古专业化、信息化、科学化和规模化的国际进口商品电子商务综合服务平台。"内蒙古跨境淘电子商务"已于2015年8月上线。依托赤峰保税物流中心和赤峰保税物流商品展示交易中心，"内蒙古跨境淘电子商务"平台所有商品均为海外进口商品，经统一专业的国际物流体系运送至国内，并接受海关、商检等部门的监督、检查，确保商品来源正规、质量可靠。同时，高质量的物流速度和规模化优势使消费者能够以低于国内市场价格20%～30%的优惠享受"足不出户，全球购物"的便捷服务，满足更加多样和高端的购物需求。"内蒙古跨境淘电子商务"平台还与蒙东云计算产业发展中心合作，以推动云计算、大数据等高新技术的整合，还与蒙文字库对接，搭建全球首家支持蒙文搜索、蒙文浏览、蒙文购物的内蒙古进口商品展销"第一平台"。"内蒙古跨境淘电子商务"的运营不仅对推动赤峰市及周边地区外向型经济快速健康发展、深化经济结构调整、扩大对外开放具有积极作用，还意味着当地居民在家就能购买到美国、日本、韩国、俄罗斯等十多个国家和地区的化妆品、食品、小家电、母婴用品等500余种热销产品。商品由经销商进口直销，降低了销售成本，通过"直邮进口"和"保税进口"的模式，以"快速通关、便捷服务"为目标，引导境内消费者通过"阳光"通道进行跨境网购活动，全程电子化管理实现商品追溯（如图7-1所示）。文化产品也可以依托这一平台产生巨大的经济效益。

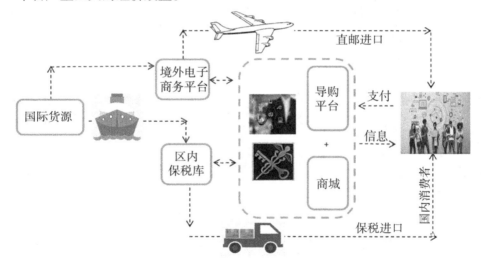

图7-1 内蒙古跨境电子商务"直邮进口"和"保税进口"模式

2016年1月8日，位于内蒙古民族商场的内蒙古民族跨境商品直购体验店及民族跨境商品电子商务平台同步登陆呼和浩特市，这是当时内蒙古最大的跨境商品直购体验店。内蒙古民族商场是历史悠久的大型传统百货商店，在激烈的市场竞争中积极转型升级，引进跨境电子商务，打造"实体店+互联网"的发展模式。内蒙古民族跨境商品直购体验店的商品全部通过海外正规渠道进行采购，由海关和检验检疫部门审核备案，双重把关，全程监管，商品整体价格低于市场价格的30%～50%。商品包括来自德国、美国、加拿大、韩国、日本等30多个国家的母婴用品、日化、食品、保健食品、红酒、啤酒、化妆品和箱包等。消费者既可直接在现场购买完税商品，也可在现场选择进口商品，选中后在网上下单购买，商品由仓库直邮发货，7个工作日内便可送到消费者手中。通过"跨境商品直购体验"模式，将保税商品前置到商业区，使之更加接近消费者。消费者在直购体验店中可看到实物商品，并通过O2O订购系统完成线上支付，订单实时传递到保税仓库，并由保税仓库负责分拣、包装、发货（如图7-2所示）。如果内蒙古的文化产品也通过这种方式实现进出口，将极大地推动文化产品"走出去"。

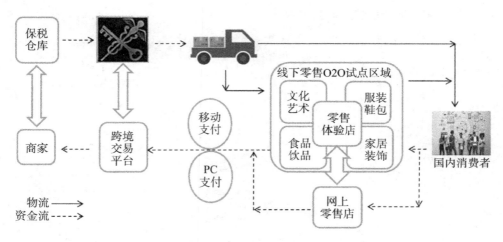

图7-2　内蒙古跨境电子商务进出口销售解决方案示意

　　跨境电子商务不仅是内蒙古本土企业家的机会，还吸引了境外企业参与。例如，内蒙古站赤电子商务有限公司2015年在蒙古国乌兰巴托成立，以"跨境O2O电子商务平台"为目标，已经在蒙古国建有线上、线下商城，在蒙古国边境口岸扎门乌德市建设仓储物流中心。该公司在中蒙边境口岸城市二连浩特市开设中国分公司，从事跨境进出口电子商务。这不仅能把蒙古国的优质产品"引进来"，同时也推动中国厂家的优质产品通过互联网出口至蒙古国、俄罗斯。

六、政府相关部门通力合作，促进跨境电子商务发展

好风凭借力。跨境电子商务的产业链条涉及交易方式、仓储物流、支付、结算等多方面，相应对接的海关、检验检疫、税务等部门要通力合作，促进跨境电子商务发展。内蒙古各级财政加大举措支持跨境电子商务企业在境外设立服务机构和服务网点，将跨境电子商务境外服务机构、服务平台和服务网点建设纳入境外投资的重点支持领域，并落实相应支持政策。呼和浩特市海关积极推动内蒙古自治区与蒙古国、俄罗斯等"一带一路"沿线国家的进出口贸易发展；支持二连浩特市申建整车进口口岸；支持二连浩特市开发开放实验区建设，扎实推进区内边民互市贸易区、二连浩特市跨境经济合作区建设；推动内蒙古电子口岸平台建设，助力呼和浩特市、二连浩特市国际快件业务做大做强，支持内蒙古以呼和浩特市为支点加快发展跨境电子商务。此外，呼和浩特市海关还推进海关特殊监管区建设，推动呼和浩特市出口加工区升级为综合保税区；优化监管模式和贸易结构；继续加大对中蒙俄会展业的扶持力度。呼和浩特市海关发布的统计数据显示，2017年前8个月，内蒙古自治区对"一带一路"沿线国家进出口贸易同比增长4.1%。其中，蒙古国为陆上"丝绸之路"经济带最大的贸易伙伴，进出口贸易额达145.3亿元。

七、各盟市建设跨境电子商务态度积极

内蒙古各盟市对跨境电子商务的探索态度十分积极。呼和浩特市、包头市、赤峰市、二连浩特市、满洲里市等城市的跨境业务频繁。近年来，满洲里市顺应跨境贸易网络化发展趋势，以建设跨境电子商务产业园、跨境电子商务信息平台和综合保税区为契机，逐渐完善跨境电子商务业务体系。满洲里市已被内蒙古自治区商务厅列为跨境电子商务重点城市。满洲里市跨境电子商务虽处于初级发展阶段，但跨境电子商务企业参与积极性很高。此外，为增强企业发展的信心，满洲里市跨境电子商务试点企业专家评选小组评审出满洲里市跨境电子商务试点园区以及试点企业，满洲里市政府对这部分试点园区和企业给予重点扶持。这为内蒙古的文化产品"走出去"营造了良好的创业氛围。

第三节　内蒙古文化产品跨境电子商务发展的问题分析

内蒙古文化产品跨境电子商务发展存在一些问题，包括以下几个方面。

一、相关法律法规体系不健全

跨境电子商务对法律法规的要求较高，而目前我国相关法律法规体系已经跟不上跨境电子商务快速发展的步伐，地方法律法规更是如此。除了市场主体的权益保护外，海关检查、退税、信息保护等都需要法律法规来保障。未来跨境电子商务的国际规则必然会不断规范，但其与我国的法律法规体系是否冲突、国际规则是否有利于我国市场主体的保护还是未知的，我国政府要不断努力，争取更多的主导权和话语权。政府管理的科学性也会影响跨境电子商务的发展。

内蒙古关于跨境电子商务的地方性法律法规尚未出现。

二、市场不规范且缺乏显著竞争优势

虽然我国跨境电子商务规模不断扩大，发展速度非常快，但在市场秩序方面存在严重不足，较为混乱。一是很多企业通过各种手段避税，逃避商检，这导致跨境电子商务的市场竞争不公平，一些正规企业因为缴税和商检降低了其价格竞争力。二是假冒伪劣产品充斥市场，但消费者权益的保障非常困难，权益受到损害的消费者很难通过正规途径维权。三是不正当竞争行为非常多。一些企业为了争夺市场份额，编造新闻，通过互联网发布竞争对手的不良信息，恶化竞争对手的产品在消费者心中的形象。一些企业甚至直接侵犯其他市场主体的知识产权。许多跨境电子商务企业遇到过知识产权被侵犯的情况。四是市场管理不规范，企业行为不理智，其各种促销"价格战"频繁，部分企业甚至希望通过"价格战"击垮竞争对手。从经济环境、文化环境、政策、消费者行为、企业的经营和创新水平几方面来看，我国跨境电子商务在全球排名并不靠

前，信用、物流、通关、支付等多个环节与发达国家差距显著。以物流为例，我国发货到其他国家，一般要7～15天，有的需要一个月才能送达消费者手中。产品本身的竞争优势也存在问题，我国跨境电子商务出口的产品大多为机械、设备、电器等配件类商品，其多数为边缘化、非主流、缺乏技术优势和创新优势的产品。这些产品只能靠价格优势获胜，而文化产品缺乏竞争优势。

三、跨境电子商务交易纠纷不断

跨境电子商务与国内电子商务相同，也存在消费者和卖方之间的纠纷，如产品存在质量问题、产品信息虚假、卖方不发货、买方未收到货。相对国内的电子商务交易，跨境电子商务交易的纠纷更多，其处理难度更大。跨境电子商务的纠纷主要包含的问题：一是语言障碍导致的沟通问题。产品通过互联网交易需要买卖双方对产品的性能、质量、型号等具体信息进行沟通。如果语言沟通不畅，会存在误解。这种误解将直接影响市场主体交易纠纷的划分和权益的保护。二是退货流程问题。国际物流费用较高，如果出现退货，手续非常烦琐，买卖双方都不愿意支付物流费用，而对退货的原因买卖双方往往存在争议，因此二者容易因为退货的物流费用问题引起纠纷。三是没有针对跨境物流纠纷的处理机制，这导致买卖双方发生纠纷时，很难找到合适的机构进行协调。

对跨境电子商务交易纠纷的处理机制尚未出现，原因有以下几方面。第一，因为难以获取物流证据。跨境物流包括境内段和境外段，跨境电子商务交易双方存在语言差异，且双方物流信息化水平程度不同，使信息无法对接，国际包裹难以像国内包裹一样全程跟踪。因此，有时候卖方无法查到买方是否收到货，买方也无法查到卖方是否发了货，加上国际物流往往要经过四五次甚至更多次的转运，包裹容易丢失，双方容易产生纠纷。第二，退货成本太高。商家因为发货数量较多往往能从物流服务商处拿到一定折扣，或者把大包裹运出境后再分拆成小包裹，这样，物流成本相对较低；如果退货，单件物品的物流费用就会非常高。此外，退货还会再经历一次海关检查，缴纳关税，物流时间也非常长。第三，跨境电子商务交易产生纠纷后，诉讼管辖权的确定比较困难。一笔跨境电子商务交易往往涉及多国因素，例如，买卖双方所在地、网络服务器所在地属于不同国家，导致管辖权很难确定。诉讼管辖权无法确定，导致消费者投诉无门。第四，跨国诉讼费用高昂。一笔跨境电子商务交易的金额往往不大，使用跨国诉讼的方式维权所花费的律师费用、司法程序费用等大大超过交易金额本身。消费者认为，为此花费大量时间、精力、金钱得不偿失。没有有效的跨境电子商务交易纠纷的解决机制，消费者难以建立交易信心，从长远看，不利于整个行业的发展。

四、支付机构外汇管理与监管职责问题

支付机构在跨境外汇收支管理中承担了部分外汇政策执行及管理职责，其与外汇指定银行类似。支付机构主要为电子商务交易主体提供货币资金支付清算服务，属于支付清算组织的一种，又不同于金融机构。如何对此类非金融机构所提供的跨境外汇收支服务进行管理与职能定位，亟须外汇管理局在法规中加以明确，在制度上规范操作。

五、相关人才缺乏

跨境电子商务需要的人才大致可以分为三种类型：一是能运用已有知识，努力完成本职工作的基础型人才。这类人才是企业人才组成中最主要的部分，大量的基础性工作都由他们来完成。二是思维能力强，在专业研究上有所创造、对事物未来的发展变化有所预见的创新型人才。这类人才是企业的中坚力量，是使企业实现创新和发展的重要力量。三是具有组织和领导能力、协调与沟通能力的领导型人才。这三类人才，都需要具备先进的知识，还需要具备较强的创新能力、沟通能力和国际竞争能力，能在参与经济全球化进程中做出积极贡献。在内蒙古，跨境电子商务人才如果会使用俄语或蒙古语交流更能提高工作效率。这些人才不仅需要企业的人才储备，还需要高校栽培。不论是对现有企业员工的继续教育，还是对高校学生的培养都具有滞后性，不能马上就用。因此，"空降"人才，即引进人才是不可缺少的手段。然而政府对跨境电子商务相关人才的引进政策尚不完善，尚未很好地为相关人才发挥效能提供便利条件，这使相关人才少之又少。

目前，跨境电子商务格局虽然粗放，但快速演进，一些新技术、新模式不断涌现，并购、合作成常态。随着消费者需求的变化，新的模式还会不断产生

并快速更迭。可以说，有关跨境电子商务的知识结构中，知识、技能一般来自实践，并在实践中不断更新。但是，与此形成强烈对比的是相关人才的培养教育模式是相对稳定和传统的。另外，高校缺乏具有跨境电子商务实践经验的教师。一些相关教材仍将"电子商务"狭隘地理解为"网络营销"。教材中提到的案例也是多年前的内容，也许这些公司已经被收购或合并，甚至破产。有的高校实践教学条件欠缺，缺乏相应的实训室和校外实习基地。这样不利于培养跨境电子商务人才。

六、文化产品贸易和文化服务贸易发展不平衡

从国际经验来看，一个国家或地区的文化影响力更多地通过国际贸易来实现。文化产品出口在一定程度上体现了该国家或地区文化产业的发展程度。通常，文化产品是由发达国家出口到较不发达的国家或地区。比如，美国的娱乐产品出口到其他国家，而日本和韩国的娱乐产品出口集中在中国等亚洲国家，很难打入美国市场，中国的娱乐产品往往出口到越南等更不发达的国家。

我国文化产品贸易发展仍然不平衡。激烈的国内市场竞争一方面促进企业努力开发新技术，降低生产成本，增强企业综合竞争力；另一方面也降低了企业的国内利润率，迫使企业扩大规模，更努力地开拓国外市场。当前，我国文化产业市场竞争跨越价格竞争、质量竞争、服务竞争，进入品牌竞争的时代，然而，从海关总署数据显示，我国文化产品出口缺乏自主品牌和创意，如工艺品、装饰品及印刷品等依托劳动力成本优势的低附加值"硬件产品"比重较高，而以内容和创意为核心的高附加值"软件产品"比重较低。因此，塑造文化产业品牌、增强文化产业的国际竞争力、推动文化产品出口成为现阶段文化产业发展的当务之急。促进文化产品国际市场需求，扩大文化产品的出口规模与品牌影响，成为我国文化产业发展的重要拉动因素。

随着我国经济长期高速发展，我国文化产品贸易占据世界文化产品贸易的重要地位，但文化服务贸易长期处于逆差状态，这种逆差突出表现在图书版权进出口、艺术团体商演效益等方面，文化服务贸易进出口长期不协调。文化产业总体规模和对外输出规模偏小，与我国的经济规模和在国际贸易中的地位不相适应。

七、文化产品出口的市场范围相对较小，品牌缺失，内容创新不足

内蒙古的文化产品出口企业总体规模小，出口产品结构不协调，出口市场范围相对较小。内蒙古自治区文化产品出口地主要是俄罗斯、蒙古国，文化产品的输出地区过于集中，国际化道路还很漫长。

不仅出口市场范围相对较小，出口产品的创意也不足。比如，我国在各种国际文化交流中，大多仍然停留在以展示剪纸、泥人、刺绣、大红灯笼之类的民俗作品、兵马俑以及其他出土文物为主的阶段，创意大多是传统或者是祖先积累下来的，在国外有影响力的戏剧、歌舞和影视作品屈指可数，动漫产业与美国、日本、韩国相比更是刚刚起步。我国现在有吸引力的、占领国际市场的文化产品还不多，而被广为接受的品牌性产品更少。目前，我国电子商务出售的产品大多是边缘化、非主流的东西。但是随着行业不断发展，要想让中国文化"走出去"，关键在于内容。没有好的内容或者没有好的创意，很难迈出根本性的一步。高质量的产品和更好的服务才是竞争的核心。从长远来看，品牌化的创建才是内蒙古文化产品的未来之路。中国制造商必须拥有自己的设计和内涵，代表着中国的形象、内蒙古的风采，这才是品牌化的道路。

不难看出，文化产业与跨境电子商务的结合，还存在亟待解决的一系列问题，如知识产权保护、政策壁垒、支付结算方式，还需要更多的理论研究与实践经验促进两者的融合发展。

第四节　内蒙古发展文化产品跨境电子商务的潜力分析

内蒙古文化产业如果能抓住国家与区域政策红利，顺应时代潮流，广泛运用新型信息技术，科学地分析出口国消费者的消费心理，将开辟出一条符合本土特色的具有潜力的文化产品跨境电子商务之路。内蒙古发展文化产品跨境电子商务的潜力主要表现在以下几个方面。

一、交易规模持续扩大

为开拓市场、提高效益，越来越多的商家着力于减少流通环节、降低流通成本、拉近与国外消费者的距离，而跨境电子商务为此提供了有利的渠道。我国跨境电子商务交易规模逐渐增长（图7-3）。随着网购市场的逐步开放以及消费者网购习惯的形成，进口电子商务有很大的发展空间，占比也将逐步提升，尤其是以海淘为代表的境外购物方式受到越来越多国内消费者的青睐，所以跨境电子商务进口份额占比将会保持相对平稳、缓慢的提升。跨境电子商务出口方面，出口电子商务零售部分的规模增长很快，其中第三方跨境平台凭借低门槛、广覆盖的特点，迅速壮大，其中阿里巴巴速卖通已成为大的跨境交易平台，而eBay、亚马逊也在借助自身平台优势将国内产品销售给海外消费者。在这一大形势下，内蒙古的文化产品走跨境电子商务之路，势必有着良好的市场前景。

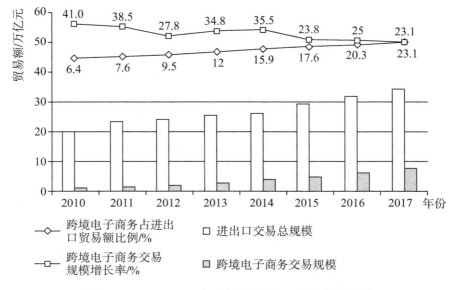

图7-3 2010—2017年我国跨境电子商务交易规模

二、业务模式以B2B业务为主，B2C模式逐渐兴起

内蒙古跨境电子商务中B2B模式居于主导地位，其主要以信息与广告发布为主，凭借收取会员费和营销推广费盈利。而零售跨境电子商务如B2C直面终端客户，在跨境电子商务中比重较低。从2016年我国跨境电子商务的交易模式看，跨境电子商务B2B交易占比达到89.6%，占据绝对优势（如图7-4所示）。当然，B2C模式也快速发展。2017年我国B2C出口交易额超过7000亿元，跨境电子商务B2C模式拉高消费品进口额。在这一大形势下，内蒙古的文化产品走跨境电子商务之路，应以B2B为主，同时应该鼓励小微企业的B2C模式。

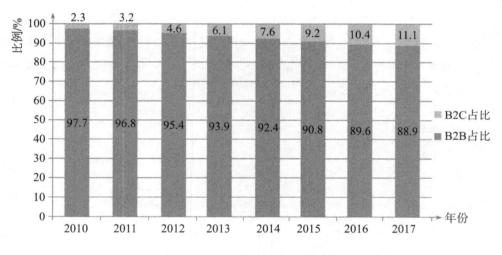

图7-4   2010—2017年我国跨境电子商务业务结构

三、跨境电子商务流程及产业链的服务功能不断优化与个性化

跨境电子商务流程中的环节比传统外贸的环节少，如图7-5所示。从跨境电子商务出口的流程看，生产商或制造商将生产的商品在跨境电子商务企业的平台上进行展示，在商品被选购下单并完成支付后，跨境电子商务企业将商品交付给物流企业进行投递，经过两次（出口国和进口国）海关通关商检后，最终送达消费者或企业手中。也有的跨境电子商务企业直接与第三方综合服务平台合作，让第三方综合服务平台代办物流、通关商检等一系列环节，从而完成整个跨境电子商务交易的过程。跨境电子商务进口和出口流程如图7-6所示。

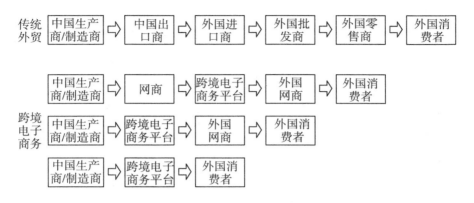

图7-5 传统外贸和跨境电子商务各环节对比

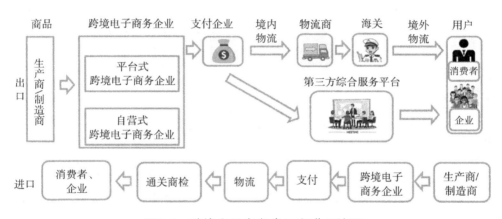

图7-6 跨境电子商务出口和进口流程

我国跨境电子商务服务平台已有效搭建。阿里巴巴国际站、诚商网、敦煌网、易唐网、中国制造网等跨境电子商务平台如雨后春笋般涌现，为广大中、小企业展示商品、撮合成交、后续服务提供了"一站式"便利服务。天猫、京东商城等企业设立了海外版网站，还有的企业积极在海外筹建自营仓库。支付宝等支付平台提供了便捷的支付手段。DHL、中国邮政速递物流等物流企业也抓住商机，积极为相关企业提供定制化的快捷物流服务。在产业链方面，跨境支付和跨境物流都是投资的热点，跨境供应链的服务和整合能力是未来跨境电子商务的竞争点。随着政策的支持力度以及人民对生活品质要求的提高、消费者对跨境网购的认可，我国跨境电子商务将跨入高速发展时期。内蒙古发展文化产品应该抓住这一机遇。

四、产品品类更加多元化，交易对象向多区域拓展

目前，我国文化产品出口主要以视觉艺术品（工艺品等）、新型媒介（游戏机等）、印刷品、乐器为主。随着跨境电子商务的发展，跨境电子商务交易呈现新的特征：交易的文化产品品类多元化，如新闻出版类（实物产品、数字产品、版权输出等）、广播影视类（电影、电视剧等）、文化艺术类（杂技、戏曲、歌舞、武术等演艺项目）和综合服务类。同时，交易对象向多区域拓展。从跨境出口电子商务的贸易对象看，美国和欧盟市场较为稳定，一些新兴市场如东盟成员国、印度、巴西等国家和地区的交易也在迅速增长。以俄罗斯为例，俄罗斯是我国的贸易合作伙伴之一，本国电子商务行业的市场增长，并呈现持续扩大的趋势。权威机构预测，俄罗斯B2C电子商务市场在2024年有望突破2000亿美元，成为全球第五大电子商务消费国。全球电子商务发展不平衡，但潜力巨大，还有很多国家处于起步阶段。在这种形势下，内蒙古发展文化产品跨境电子商务，有机会以较低的成本撬动俄罗斯、蒙古国等这样需求旺盛的增量市场，实现文化产品"走出去"。

五、对外文化直接投资快速发展，海外并购数量呈上升趋势

近年来，我国文化产业海外并购数量呈上升趋势。2009年，中国港中旅集团所属天创国际演艺制作交流有限公司以354万美元收购了美国第三大演艺中心布兰森市的白宫剧院，在该剧院驻演中国优秀剧目，迈出了中国演艺企业境外收购和经营剧场的第一步。2012年，大连万达集团以26亿美元并购美国AMC影院公司，这是当时中国民营企业在美国最大的一起企业并购，也是中国文化产业最大的海外并购。2015年上半年，AMC影院公司实现收入14.7亿美元，同比增长6.1%。我国文化企业对外合作领域不断拓展。深圳华强集团有限公司利用文化和科技的优势，积极推动《熊出没》等动漫产品、4D特效电影以及主题公园走出国门。腾讯公司在全球范围内谋求业务发展与共赢，先后在美国、韩国、欧洲、东南亚等国家和地区进行了多项游戏领域的并购和投资，实现了对外文化贸易由产品出口到资本输出的转型升级。腾讯科技（深圳）有限公司的"微信"等充满创新功能的手机应用程序已进入

美国、东欧、中东、东南亚等国家和地区，覆盖面越来越广，影响力越来越大。如果内蒙古的文化产品发展积极投入这一并购和投资的浪潮中，将获得巨大的发展空间。

六、网络文化市场兴盛，小众文化增值

多数文化产品属于内容产品，具有虚拟特性，适合网上的生产、流通和消费。而网络是非常有效、快捷的文化类产品销售渠道，于是，网络文化市场兴盛起来。与货物贸易不同，文化产品在跨文化传播中的价值流变会产生"文化折扣"与"文化增值"。"文化折扣"所形成的天然贸易壁垒是制约文化贸易出口的关键因素之一，而"文化增值"是由于各国的文化特色赋予了文化产品独特性。文化判定的标准和文化的价值不是一成不变的，在文化多元的背景下存在主流文化和小众文化，主流文化的影响形成文化折扣，小众文化的影响则产生文化增值。互联网的魅力在于将消费者以前所未有的方式连接在一起，形成基于兴趣爱好、审美情趣的社会化部落及小众文化，从而实现文化产品朝"文化增值"方向的价值流变。从这个角度来看，跨境电子商务势必成为文化贸易出口的有效途径。

第五节　内蒙古文化产品走跨境电子商务之路的策略

文化产业是内蒙古率先发展的几大主导产业之一。近年来，内蒙古先后出台的相关政策措施有力地推动了文化产业快速发展。基于此，内蒙古应该以线上电子商务平台和线下实体为载体，以"互联网+文化+外贸"为发展模式，以成为中国北部对外文化贸易标杆地和综合型对外文化产品跨境电子商务中心为目标，实现文化贸易"在场、在地、在线"主体的结合，打造以企业集聚为目标的对外文化贸易平台。

内蒙古文化产品跨境电子商务的经营内容应广泛而多元，要增加其所涉及的产品的种类，经营内容也要向多品类拓展，除了新闻出版类（实物产品、

数字产品、版权输出等）、广播影视类（电影、电视剧等）、文化艺术类（杂技、戏曲、歌舞、武术等演艺项目）和综合服务类四大门类外，还可以拓展到工艺礼品、珠宝玉石、书画作品、珍品藏品、非遗文化、民族服饰、主题旅游等门类。经营行为可以包括文化艺术品销售、文物复仿制品交易、文化融资租赁、专业保税仓储、国际文化资讯交流等。内蒙古文化产品跨境电子商务平台的界面要有中文版、英文版、蒙文版、俄文版，平台应提供全面、及时、权威的文化产业信息。

此外，可以整合"一带一路"沿线国家的特色文化及产品，为其提供展示文化产品的平台。定期进行国际文化贸易交流，开展文化产品展览，使人们了解其他国家的旅游文化、民间艺术、风土人情，推动国际文化产品交易，促进贸易发展及文化推广，打造国际文化产品采购集散中心。以此为契机，可以将其他国家的文化创意、文化产品"引进来"，满足消费者对文化产品的消费需求；同时，也将我们的文化产品"带出去"，让更多国家了解中国文化，购买中国文化产品，进而不断提高本土文化的国际传播能力，扩大其在国际市场的份额。

一、加强文化产品跨境电子商务顶层设计，使文化产品不仅要"走出去"，还要"融进去"

要建立商务、海关、财税和文化等部门协同参与的跨境电子商务文化贸易工作推进机制。认真分析和研究海外市场的文化需求，出台一系列鼓励政策，从财税优惠、服务保障、交易平台等方面加大支持力度，引导文化企业"走出去"。将以政府为主体的文化交流和以企业为主体的文化贸易结合起来，使之相互促进、相互配合。逐步探索在政府文化交流项目中引入政府采购的机制，进一步发挥市场调节和企业主体的作用，实现社会效益和经济效益相统一。从国家层面制定文化产业电子商务的融合发展战略及文化产业跨境电子商务整体战略规划，推进海外营销渠道建设和内容创新，鼓励和支持有条件的文化企业加大对国际市场的开拓力度。转变政府文化管理职能，为文化企业创造更加公平、合理的市场环境，积极为文化企业排忧解难，建立支持各类文化企业开拓国际市场的体系。

我国文化产业"走出去"仅仅依靠"一带一路"远远不够，还应当面向全球布局。这就意味着不能仅着眼于我国文化创意产品的需求，还应当主动开拓国外市场，研究国外文化市场上的需求偏好，并针对其需求出口相关的产品。此外，要注重文化交流，通过文化互动来准确定位，进一步消除海外市场的进入壁垒。

二、充分运用大数据提升跨境文化电子商务企业的竞争力

大数据与文化产业的结合会加快文化产业的升级转型。使用大数据能有效解决文化产品供需脱节的矛盾，有利于解决我国原创文化产品内容水平不高的问题。通过对大规模人群的喜好数据进行分析，能够明确目标受众的品位和需求，创造适销的文化产品。例如，美国奈飞公司的热播电视连续剧《纸牌屋》就是通过对大量观众的观看喜好数据进行分析，从而计算出《纸牌屋》的市场前景和产品成功概率，果断做出了开拍和开播的决定，从而获得成功。大数据与跨境电子商务结合，可以提升跨境电子商务企业的竞争力。跨境电子商务企业通过大数据应用可以个性化、精确化和智能化地进行广告推送和推广服务，创建比现有广告和产品推广形式性价比更高的全新商业模式。同时，跨境电子商务企业也可以通过对大数据的把握，寻找更多、更好的可增加用户黏性、开发新产品和新服务、降低运营成本的方法和途径。

三、推动仓储管理智能化、规范化、定制化发展

跨境电子商务中的物流是一个重要环节，因此内蒙古在解决物流问题方面应该积极联合国内外物流公司推动海外仓储的建立。海外仓储可以有效地解决服务周期过长、退换货方面的问题，但也存在着海外仓储成本很高，如果出现大面积退货损失会很严重的问题。应该使仓储管理趋于智能化、规范化、定制化。跨境电子商务的仓储物流一般是第三方外包仓储物流。如果不能通过智能化、规范化的管理，用现代技术手段对仓库进行智能遥控，就不能够满足跨境电子商务对物流速度和质量的要求，不能实现信息流、物流的无缝对接。跨境仓储面临的客户千差万别，要针对不同的用户类型制定不同的仓储管理流程。另外，为了满足消费者的需求，在仓储管理系统中有必要加入一些个性化模块，而这些也就是通常强调的定制化。

四、构建完善的信用监管公共服务平台

跨境电子商务中，我国消费者在支付时通常会使用支付宝、快钱、财付通等影响力较大、信誉较好的国内电子商务支付平台。在发展中蒙俄跨境电子商务过程中，还应该积极扶持本地的支付研发公司研究新的支付手段并大力推广，让更多的消费者使用新的支付手段，使内蒙古的跨境支付朝着理想的电子商务"生态系统"发展。目前，支付机构在国际化道路上的发展并不成熟，内蒙古的相关部门应该联合制定一套合适的标准，构建一个完善的信用监管公共服务平台。当跨境电子商务企业将订单、支付和物流等数据上传至平台时，该平台可以对其订单流、资金流和物流的各项数据进行核对，以确保交易的合法性、真实性。外汇监管部门应该在做好调查研究的基础上，在促进发展与控制风险之间找到一个平衡点，从而制定出可操作的、具有针对性的监管措施，为内蒙古跨境支付行业的健康发展保驾护航。

五、培养跨境电子商务复合型人才

内蒙古跨境电子商务的从业者不多，人才更加缺乏。要培养一批这样的人才需要相当长的过程。目前，中蒙俄跨境电子商务贸易平台最缺乏的是精通英语或俄罗斯语或蒙古语，且又懂电子商务的综合型人才。跨境电子商务人才的培养、储备是一项综合性的系统工程，国家、高校、企业、政府对此要齐抓共管。在培养跨境电子商务人才时，要注重以下几个方面。

一是高校要积极转变办学理念。转变文化贸易的增长方式、内蒙古文化跨境电子商务的发展归根结底要依靠提高劳动者的素质。技术、设备、资金和项目可以引进，少量高级专业人才也可以引进，但大量高素质的人才是无法引进的，必须靠地方高等教育体系培养。首先，高校的培养目标应依据学科优势进行合理定位。由于中蒙俄跨境电子商务的发展是迅速的、动态的，相关专业要对人才培养目标有理性定位，要去寻找动态与稳定之间的平衡点。定位合理，就是确定了教育活动的方向，是对受教育者应达到的人格状态做明确的设想和规定。这为教师科学、合理地制订教学计划和选择教学方法提供了依据，使教师的教育行为有价值、有意义，避免教育行为的盲目性和机械性。因此，高校

不能一谈电子商务就大量开设计算机课程，就搞网页制作；一谈跨境就大量开设外语类课程；一谈文化贸易就大量开设经济类课程。确立人才培养目标应依托优势学科背景、结合时代发展对人才的需要，凸显教育的不同侧重点；要将人才、专业做合理定位，再理性开设课程。其次，要鼓励高校和职业教育机构结合企业的实际需求培养跨境电子商务的专业技术人才，支持学校、企业及社会组织合作办学，重点支持税务、法律、金融等方面的人才培养。

二是高校要加强与企业的合作，加强国际交流与合作。电子商务专业的交叉性、时代性、动态性很强，其教学内容应该与国家政策、地区特色相结合，电子商务专业的人才培养应满足企业的需求。这就需要高校创造条件为教师提供进修的机会，要让教师到企业中学，同时注重聘请企业的专家、一线工作者担任兼职教师，从而建立一支结构合理、理论与实践相结合的"双师"队伍。高校可以与合作企业建立实训基地，企业对大学实习生进行免费培训，而且这些实习生实习期满后可能成为企业优秀的后备干部。教师在企业中挂职锻炼，在实践中丰富教学经验。学生能真正感受企业的工作氛围。企业以较低的成本获得学校人力资源进行项目开发与岗位培训。这种"学习中有工作，工作中有学习"的"校企结合"形式对于学生、教师、学校与企业来说是共赢的。高校还要重视外部聘任。引进来自跨境电子商务企业一线的操作人员或外贸行业资深从业者，他们具有丰富的电子商务平台操盘经验，精通跨境电子商务全流程运作，能够在精确的成本效益分析基础上评价电子贸易时机。此外，高校要进一步"走出去"，要分批分期派各专业教师到蒙古国、俄罗斯去实地考察，加强师资力量的国际交流，才能紧跟行业步伐，积累教学案例。可以尝试成立中蒙俄跨境旅游专业方向的试点招生工作。

三是高校学业评价考核标准要多元化。中蒙俄跨境电子商务需要的是实用型人才、创新型人才，这就要求教育者对学生的学业评价不能以考代评，要明确并实现学业评价的考核、鼓励、诊断多元功能；评价的领域要多元化，要淡化"考住、难倒、选拔、分类"这些色彩，评价视野要由课堂扩大到课外，由智力因素扩展到非智力因素，由专业技能扩展到非专业技能，由"是什么"的陈述性知识向"怎么做"的程序性知识和策略性知识转变。比如，怎样开跨境网店、怎样做跨境微商、怎样设计跨境网页。要考查学生对中蒙俄旅游电子商务前沿问题的思考，培养学生"不唯上，不唯书，只唯实"。学业评价的时间跨度亟须改革。可以将考试的时间放宽，一上午、一天、一周，甚至一学期（如创业）。这样的学业评价不囿于教材，可以让学生体会到研究与创业的艰辛和欢乐，有利于培养他们的探究精神。

在人才培养方面，政府要努力完善人才培养的激励机制，积极推出各项举措创造创业环境。例如，财政支持大学生创业，开展跨境电子商务项目评比活动，组织旅游创新、创意、创业大赛，支持设立多种形式的旅游创新、创意、创业基金，推动建设旅游科技创新孵化园，并对相关人才实施奖励。相关企业要重点培养电子商务、外贸业务、市场营销和新技术复合型人才，加快培养面向后台软件开发的技术型人才和面向前端操作的应用型人才。要制订培训计划，选择培训机构和实践基地，落实培训经费，开展跨境电子商务知识培训、职业化培训，为全区跨境电子商务发展储备人才。要加强跨境电子商务高层次人才引进工作，鼓励企业面向国内外引进一批素质高、有丰富的跨境电子商务大型团队运营经验的职业经理人。

六、健全跨境电子商务业务体系

拼折扣、赚吆喝的模式属于跨境电子商务的"1.0时代"，现在则进阶为拼品质、服务和供应链。电子商务平台比拼的是综合实力，而清关能力、资金实力则是其核心竞争力。因此，我们要大力发展跨境电子商务业务，积极构建第三方跨境电子商务平台和自建平台同步推进、境内外电子商务服务企业互动发展的跨境电子商务发展格局。积极创造条件重点发展B2B模式的跨境电子商务，鼓励建设海外仓和公共保税仓等配套设施。培育和引进支付机构、物流企业，扶持综合电子商务服务企业，解决支付、结汇、物流、仓储、报关、报检和售后服务等问题。引导和鼓励有条件的企业进驻海关指定的特殊监管区域，开展业务。支持有条件的企业建设境外服务网点或依托电子商务服务企业通过一般贸易等方式出口后，再根据网上订单销售给境外消费者，构筑一般贸易加电子商务运营的模式。推动企业间的跨境电子商务交易（B2B）由信息发布向在线交易发展。逐步发展具有内蒙古特色的专业型跨境电子商务服务平台，建立完整的跨境电子商务服务体系。

七、建设跨境电子商务服务体系

要依托口岸和海关特殊监管区建设跨境电子商务仓储物流中心（跨境电子商务园区）。根据跨境电子商务的发展需要，在综合保税区和保税物流中心等区域内建设跨境电子商务仓储物流中心（跨境电子商务园区），为经营主体提供退税、仓储、配送、分拣、加工和邮递等服务。完善跨境电子商务的货物监管流程。加强示范创新，创建自治区级跨境电子商务示范园区。

要建设跨境电子商务物流服务体系。遴选一批国际物流企业与跨境电子商务物流仓储中心进行业务对接，为入驻跨境电子商务物流仓储中心的跨境电子商务企业提供国际物流服务。鼓励传统货运代理、物流等企业拓展电子商务服务等业务，为广大中小跨境电子商务应用企业提供仓储和配送等服务，逐步形成与跨境电子商务相适应的物流体系。

要发展跨境电子商务支付服务体系。鼓励金融机构和支付机构为跨境电子商务提供支付服务；鼓励银行为跨境电子商务提供跨境人民币结算服务，推动金融机构、支付机构加快产品创新，改进跨境支付服务，提高跨境支付效率。鼓励符合条件的金融机构和支付机构进行试点，通过进驻跨境电子商务仓储物流中心等方式，为内蒙古跨境电子商务经营主体提供支付服务。

要发展跨境电子商务境外服务体系。根据跨境电子商务业务的发展需要，鼓励有条件的企业建设境外服务网点、海外仓。支持有条件的企业开展境外内蒙古商品公共服务平台建设，为内蒙古中小跨境电子商务企业提供代运营、营销、客服、仓储、配送、售后、技术支持、数据服务、法律咨询、知识产权咨询等服务。鼓励行业协会等组织在指导和帮助跨境电子商务企业建立和完善售后服务体系方面发挥积极作用。

要依托内蒙古电子口岸开发建设跨境电子商务公共服务平台。建立服务于经营主体的跨境电子商务综合管理信息系统，实现商务、海关、国税、工商、检验检疫、外汇等部门信息共享与数据交换，涵盖跨境电子商务进出口报关、检验检疫、结汇、退税等全流程服务，满足各相关部门的监管需求。跟踪企业应用跨境贸易电子商务公共服务平台的情况，逐步完善平台功能，促进物流、跨境支付、信用监管协同发展。

八、建立和完善跨境电子商务管理机制

要建立和完善跨境电子商务模式下的通关监管方式，建立跨境电子商务关税制度。跨境电子商务服务试点已经在内蒙古逐步开展，海关总署的相关文件也陆续出台。随着跨境电子商务的不断发展，规范通关流程，明确跨境电子商务的贸易属性和监管要求，修订《中华人民共和国海关法》，增加针对跨境电子商务交易的关税征管条款，这些工作已经刻不容缓。美国海关法就明确规定，美国境内居民从网络上购买海外的自用商品，必须履行清关手续及缴纳相应关税。在具体的实施过程中，为顺应信息时代的发展，海关应做好数据录入、整理工作，通过大数据分析邮件来往的数量、频次，对高频次的邮件进行重点检查。海关还应与个人征信系统对接，若抽检时发现有逃税行为，直接记录在案，并采取相应的处罚措施。只有加大惩处力度，才能杜绝违法行为的发生；只有完善法律、政策、制度，才能规范人们的行为，才能促进行业的健康发展。

要加强跨境电子商务出入境检验检疫监管。对跨境电子商务出口企业及其产品进行检验检疫备案或准入管理，实施负面清单制度，以诚信管理和风险分析为基础，以检疫监管为主，实施分类管理和风险管理，探索建立基于风险分析的质量安全监督抽查机制。创新和完善电子商务检验监管机制，采取集中申报、集中办理等措施，为企业提供便捷服务。

要支持跨境电子商务经营主体正常收结汇。经营主体申请设立外汇账户，凭海关报关信息办理货物出口收结汇业务。鼓励银行和支付机构开展电子商务外汇资金或人民币资金跨境支付业务。加强海关和外汇等部门的联合监管，实现数据共享。支持有实际需求、经营合规、业务和技术条件成熟的支付机构参与跨境外汇支付业务试点。

完善国际物流配送服务。规划建设出口货物监管场所，实施关检合作"三个一"（一次申报、一次查验、一次放行），做到对进入出口监管场所的法检货物只需一次申报（一次录入、分别申报）、一次查验（一次开箱、关检依法查验/检验检疫）、一次放行（关检联网核放）。积极争取中国邮政集团有限公司的支持，适时开通内蒙古至国外一些主要城市的国际普邮包裹、航空挂号包裹线路。支持建立海外仓储分拨中心，实现整柜出口、分单零售。

加快配套设施建设。加快建设内蒙古跨境电子商务公共信息服务平台和检验检疫监管平台等基础设施。在跨境电子商务物品监管查验中推行关检X光机"一机两屏"方式，为跨境电子商务活动提供数据交换、安全认证等服务，实现对跨境电子商务交易、仓储、物流和通关等环节的信息化管理。加强电子商务统计监测工作。要加强相关部委、地方及有关机构的联合，研究和改进电子商务发展统计指标体系与统计分析方法，逐步建立全国性电子商务调查统计制度，加强对电子商务热点问题及其与实体经济的关系的研究。充分利用有关部门现有的电子商务企业联系机制，鼓励行业协会和社会性服务机构积极参与电子商务动态发展监测等工作，鼓励各地加强对区域电子商务发展的动态监测，拓展信息获取渠道。做好电子商务统计信息发布工作，加强政策引导。要重点完善海关统计工作，将通过海关集中监管、汇总申报的出口商品的相关指标纳入贸易统计范畴，做到应统尽统。对各类经营主体的各种跨境电子商务业务方式进行全口径统计，真实反映内蒙古跨境电子商务的发展状况。

九、完善权益保护机制，严厉打击制假售假行为

我国市场中存在制假售假问题。随着跨境电子商务的兴起，假冒伪劣产品也流出国门，售假的商家也付出了高昂的代价。我国假冒伪劣产品屡禁不止、山寨产品大行其道的根本原因是一些人的法律意识淡薄，违法成本太低。要从源头上根除这种现象，应该从立法上加大对违法行为的惩处力度，加大知识产权的保护力度，对侵权行为采取更加严厉的措施。

首先，政府要完善对知识产权保护的政策法规，加强对文化市场的监管工作，加大对知识产权保护的执法力度，严厉打击盗版等各类违法行为，鼓励、引导企业重视自主创新。其次，大力宣传知识产权保护的各项政策法规。在民众中普及相关法律知识，树立正确导向，提升全民对知识产权的保护意识，营造尊重创作、尊重知识、保护创作者合法权益的良好社会风气。再次，引导文化企业树立品牌意识。引导文化企业实施品牌和商标战略，特别是要突出文化特色，以特色文化品牌和驰名商标带动整个产业的转型升级；鼓励文化企业登记著作权，鼓励创新者申请专利，切实保障文化产业主

体的合法权益。

应该加大对跨境电子商务平台的监督与管控力度，若第三方卖家被曝出有违法行为，跨境电子商务平台也应承担一定的赔偿责任。要在整个行业树立良好的风尚，维护市场的公平和秩序。要积极研究和探索网络环境下有效维护消费者权益的制度和措施，推进相关消费维权体系向跨境电子商务领域延伸。畅通网络消费权益保护渠道，及时受理消费投诉，举报并查处侵害消费者合法权益的行为。及时发布网络交易风险警示信息，提高网络消费者和经营者的风险防范意识。指导并监督经营者建立健全消费者权益保护制度、在网站设置消费投诉和举报的链接。加强电子商务纠纷调处机制建设，建立网上争议解决模式。网上争议解决是指通过使用信息和通信技术（尤其是互联网技术）帮助当事人在法庭外解决争议的方式。网上争议解决主要包括网上仲裁和网上调解。在发达国家已有这方面的尝试，法国互联网法律论坛和法国法院建立了一个联合系统，指引有兴趣的当事人在诉讼之前或诉讼期间到论坛上进行自由调解。美国仲裁协会也有一种网上争议解决平台，当事人可以在网上提交投诉、下载文件、选择中立方等。欧洲消费者中心网可以进行网上投诉处理，协助消费者提出投诉并与商家达成解决方案，或协助消费者通过适当机制达成解决方案。内蒙古也应发展、建立便捷、高效、低成本的网上争议解决模式。

十、坚持"中国智造"

"中国智造"要打破"世界工厂"的分工格局，真正意义上实现产业价值链的攀升。顾名思义，"中国智造"就是要发展智慧产业、创意产业，加强产品设计环节的研发投入，借助文化产业"走出去"战略的实施，快速实现国内产业转型升级。也就是说，"中国智造"要求摒弃过去以低廉劳动力输出为特征的粗放型生产模式，转向以高新技术和文化创意为主要生产要素的集约型生产模式。文化产业在国际贸易中，能够形成新的比较优势，利用人力资本等可再生资源实现可持续发展的同时，从生产走向研发，创造中国品牌。因此，我们要加强创意研发，开展服务外包业务。服务外包业务就是要转变我国长期以来的接包方角色，使我国成为发包方。创意文化发展模式以产业一体化为指导思想，实施路径为原创作品开发—创意生产—创意传播发行—创意衍生品商品化。将沿海特色文化创意产业园作为文化产业孵化的基础，促进创意产业与加工制造业、新闻出版业与新媒体、互联网、物联网等行业对接，打通信息传播渠道，从而实现创意与文化融合的发展目标。

在参与国际分工时，可以创意服务外包为主要方向，发展集约化生产。这样能够促进动漫、电视电影等文化创意行业的发展。文化企业通过创意资源收集、剧本创作、衍生品开发等文化创意产业价值链开发环节，专营创意外包，以让产品"走出去"为目标，扩大品牌影响力，以新媒体为传播途径，发展品牌营销；积极寻找市场、建立市场、维护市场，建立并完善创意营销产业链；发展品牌经济与总部经济，由接包方转为发包方，从根本上实现向全球产业价值链高端攀升的目标。

参考文献

［1］边璐. 内蒙古文化产业发展：效率评估与差异化金融支持［M］. 北京：经济管理出版社，2021.

［2］李雅林. 文化创意产业与产品传播的媒介发展路径研究［M］. 沈阳：沈阳出版社，2019.

［3］张智荣，柴国君. 内蒙古自治区文化产业发展报告：2018［M］. 北京：经济管理出版社，2019.

［4］柴国君，张智荣. 内蒙古文化产业发展方略［M］. 呼和浩特：内蒙古大学出版社，2005.

［5］柴国君，张智荣. 内蒙古自治区文化产业发展报告：2018［M］. 北京：经济管理出版社，2019.

［6］李雅林. 文化创意产业与产品传播的媒介发展路径研究［M］. 沈阳：沈阳出版社，2018.

［7］向勇. 文化产业导论［M］. 北京：北京大学出版社，2015.

［8］锁言涛. 西安曲江模式：一座城市的文化穿越［M］. 北京：中共中央党校出版社，2011.

［9］邱春林. 中国手工艺文化变迁［M］. 上海：中西书局，2011.

［10］项目管理协会. 项目管理知识体系指南：PMBOK指南［M］. 北京：电子工业出版社，2013.

［11］杨思凝，李志春. 内蒙古非物质文化遗产衍生产品发展路径研究［J］. 内蒙古农业大学学报（社会科学版），2020，22（5）：92-96.

［12］霍燕. 内蒙古文化产业发展前沿报告［J］. 新西部，2020（Z2）：53-58.

［13］苏日娜. 内蒙古马文化产业发展研究［D］. 北京：中央民族大学，2020.

［14］雷莹. 内蒙古文化旅游产业发展评价与对策研究［D］. 包头：内蒙

古科技大学，2020.

[15] 包娜. 民族文化创意产业内容生产研究：以内蒙古天堂草原文化传媒公司为例 [D]. 呼和浩特：内蒙古大学，2020.

[16] 耿方蕊. 基于西部地区文旅融合协调度评价的政府职能优化研究 [D]. 兰州：兰州大学，2020.

[17] 牛志男. 让文创点亮梦想　我国民族文化创意产业政策及发展简述 [J]. 中国民族，2020（4）：46-50.

[18] 许鑫. 传承与创新：关于新时代民族文创产业的对话 [J]. 中国民族，2020（4）：60-64.

[19] 高滢洁. 内蒙古赤峰市文化旅游产业发展研究 [D]. 北京：中央民族大学，2020.

[20] 张敏. 文化产业博览会的可持续发展对策研究：以内蒙古文博会为例 [J]. 艺术品鉴，2020（3）：250-251.

[21] 李攀. 建设电影文化产业项目推动内蒙古电影事业发展 [J]. 内蒙古宣传思想文化工作，2019（11）：44-45.

[22] 肖小娟. 内蒙古文化创意产业发展路径研究 [J]. 北方经济，2019（10）：55-58.

[23] 苏日娜. 内蒙古马文化产业的发展路径 [J]. 区域治理，2019（42）：245-247.

[24] 梅蕾，雷莹，王薇. 内蒙古文化旅游产业发展评价的系统动力学因素研究 [J]. 经济界，2019（5）：12-21.

[25] 徐翠蓉，张广海，卢飞. 我国"一带一路"沿线省份旅游业与文化产业的耦合协调发展 [J]. 中国石油大学学报（社会科学版），2019，35（4）：85-92.

[26] 乌力吉宝力高. 发展民族文化事业　开创文化产业新局面 [J]. 内蒙古宣传思想文化工作，2019（8）：42-43.

[27] 杜淑芳. 内蒙古文化产业发展现状、存在问题及发展策略 [J]. 新西部，2019（19）：45-49.

[28] 周逸斐. 元上都遗址的文化产业化发展研究 [J]. 传播力研究，2019，3

（18）：10-11.

［29］李留新. 城镇化背景下少数民族特色文化旅游经济发展研究［J］. 成都工业学院学报，2019，22（2）：60-63.

［30］李文博. 云南省文化产业集聚对文化产业发展的影响研究［D］. 昆明：云南财经大学，2019.

［31］陈培. 西部地区文化产业效率差异评价研究［D］. 包头：内蒙古科技大学，2019.

［32］石彪. 鄂尔多斯市城市文化治理研究［D］. 呼和浩特：内蒙古大学，2019.

［33］李金锴. 内蒙古旅游产业与文化产业耦合发展研究［D］. 呼和浩特：内蒙古财经大学，2019.

［34］秦雪梅. 内蒙古文化产业与金融融合模式研究［D］. 呼和浩特：内蒙古财经大学，2019.

［35］李晓怡. 民族自治地区特色文化产业发展模式研究［D］. 南京：南京财经大学，2019.

［36］李晓标. 浅谈内蒙古文化产业专业人才培育问题及对策［J］. 现代营销（下旬刊），2019（4）：202-203.

［37］赫牧寰. 嫩江流域文化产业发展策略研究［J］. 齐齐哈尔大学学报（哲学社会科学版），2019（4）：62-65.

［38］肖小娟. 创新发展内蒙古优秀传统文化［J］. 实践（思想理论版），2019（4）：50-51.

［39］王敬超，居虎虎. 推进内蒙古文化产业高质量发展［J］. 实践（思想理论版），2019（3）：52-53.

［40］王雪蓓，王明. 文化工业批判理论下的内蒙古文化产业分析［J］. 艺术品鉴，2019（6）：219-220.

［41］柳杨，郭双节，次仁片多. 浅析民族地区文化产业的法治保障［J］. 法制博览，2019（6）：27-28.

［42］肖小娟. 内蒙古优秀传统文化创新性发展的路径研究［J］. 文化学刊，2019（2）：156-158.

［43］李凌霄.内蒙古特色小镇文化产业开发路径探析［J］.中国报业，2019（2）：79-81.

［44］暴向平，张利平，庞燕，等.乌兰察布市文化产业与旅游产业耦合协调度分析［J］.西北师范大学学报（自然科学版），2019，55（1）：115-120.

［45］周彬，张梦瑶，钟林生，等.内蒙古旅游经济与文化产业耦合协调度测评［J］.干旱区资源与环境，2019，33（4）：203-208.

［46］王琨.赤峰市文化优势转化为产业优势问题研究［J］.赤峰学院学报（汉文哲学社会科学版），2018，39（12）：110-112.

［47］刘燕.产业集群视角下内蒙古文化产业创新发展研究［J］.理论研究，2018（6）：56-61.

［48］王晓娟，王利，伊志慧，等.内蒙古全面建成小康社会的短板研究［J］.理论研究，2018（6）：44-49.

［49］张志栋，王润莲，苏志刚.推动内蒙古旅游与文化产业融合发展思考［J］.北方经济，2018（12）：50-53.

［50］王薇.西部民族地区文化产业转型发展研究［J］.前沿，2018（6）：49-56.

［51］李燕.中国文化创意产业融资效率的测算及其影响因素研究［D］.长春：东北师范大学，2018.

［52］边璐，陈培.西部民族地区文化产业发展：现状与路径选择：以内蒙古为例［J］.时代经贸，2018（28）：89-91.

［53］王雅霖.民族文化产业生态化发展的理论与路径研究［D］.兰州：兰州大学，2018.

［54］郝凤彩.思想文化引领 守好精神家园：改革开放40年内蒙古文化建设的辉煌成就［J］.北方经济，2018（9）：32-35.

［55］刘莎."一带一路"倡议机遇下内蒙古民族文化"走出去"探索［J］.西部广播电视，2018（16）：58-59.

［56］程越岳，汪时珍，丁仕潮.我国文化产业发展水平的地区差异及影响因素研究［J］.铜陵学院学报，2018，17（4）：18-23.

［57］高晓焘. 立足新起点开创新时代内蒙古文化产业新局面［J］. 实践（思想理论版），2018（8）：36-38.

［58］杜淑芳. 内蒙古文化产业发展报告［J］. 新西部，2018（19）：49-54.

［59］马子红，郑丽楠. 西部民族地区文化产业效率提升的路径选择［J］. 文化产业研究，2018（1）：27-40.

［60］翟禹. "一带一路"背景下内蒙古对外文化发展的路径选择［J］. 赤峰学院学报（汉文哲学社会科学版），2018，39（6）：24-26.

［61］唐文艳. 新时代民族地区文化软实力之现实检视及提升路径［J］. 广西民族研究，2018（3）：117-125.

［62］尚丝丝. 陕西文化产业开发对内蒙古的启示：以陕西凤翔六营村泥塑产业化历程为例［D］. 呼和浩特：内蒙古师范大学，2018.

［63］白明慧.《蒙古秘史》文学资源产业化开发研究［D］. 呼和浩特：内蒙古师范大学，2018.

［64］李丽梅. 中国休闲产业发展评价、结构与效率研究［D］. 上海：华东师范大学，2018.

［65］冯莹. 浅谈内蒙古蒙古族民俗文化传承保护的标准化研究［J］. 中国标准化，2018（5）：132-136.

［66］翟媛. 呼包鄂文化产业协同发展的对策建议［J］. 经贸实践，2018（4）：184.

［67］刘毅铭，李婷. 内蒙古地区文化创意产业发展研究［J］. 内蒙古科技与经济，2018（2）：13+15.

［68］周建新，胡鹏林. 中国文化产业研究2017年度学术报告［J］. 深圳大学学报（人文社会科学版），2018，35（1）：42-57.

［69］田志馥. 中蒙俄经济走廊视域下内蒙古文化产业的转型［J］. 内蒙古财经大学学报，2017，15（6）：16-19.

［70］冯玉龙，祁婧. 以消费升级引领内蒙古产业发展新方位［J］. 前沿，2017（12）：26-31.

后 记

经济全球化背景下，文化产业是以创造力为核心的产业，是知识经济的核心内容和主要动力。在知识经济迅速发展的今天，文化与经济、政治相互交融，在综合国力竞争中的地位愈加重要。文化产业作为文化的一部分，其重要性是不言而喻的。

任何一种技术工艺都可能在短时间内被他人模仿，唯一的方法就是不断创新。随着全球化的进一步深入发展，在当今社会，人们面临着大量的产品选择，传播媒介作为日常生活的一部分，正在以难以想象的力量构建着人们的生活，同时构成了文化产业中重要的组成部分。媒介是文化产业发展壮大的重要载体，而文化产业是媒介传播的重要内容，它们之间是形式和内容的关系。重视文化产业与媒介之间的关系对于社会经济的发展和文明的进步以及国家综合国力的提高都有不可忽视的作用。

愿本书的出版能给相关研究者以参考和启发，让更多的人关注内蒙古文化产业的多元发展。

邢晶

2021年8月